Walter Dellers
Eine Kindheit in Fürth
1928 - 1939

www.walter.dellers.ch

**Walter Dellers**
Geboren am 28.2.28 und aufgewachsen zu Fürth in Franken, im September/Oktober 1939 Flucht nach Basel, unwillkommen, arm, aber sicher.

Studium Philologie, Philosophie, Doktorarbeit über Clemens Brentano.

Lektor für deutsche Sprache und Literatur an der Universität Cambridge/England, Caius und Pembroke College. Lehrer am Wirtschaftsgymnasium Basel, Dozent am European American Study Center und an der Höheren Wirtschafts- und Verwaltungsschule.

Als Rentner Stellvertretungen an der Sehbehindertenschule Basel.

Tod der Gattin 2010 nach fast sechzigjähriger Ehe, sieben Söhne, elf Enkel, eine Urenkelin.

Heimat Deutschland, Umfeld Schweiz, Lebenskreis Europa. Jährliche Aufenthalte in Fürth, Nürnberg, Berlin.

**Zum Buch**
Aus dem Gedächtnis berichtet, gestützt durch manchen Besuch der Freunde und der Örtlichkeiten auf dem Espan. Erstaunlich, wie viele Einzelheiten der innere Speicher bewahrt. Kindheit prägt.

Walter Dellers

# Eine Kindheit in Fürth

1928 - 1939

www.walter.dellers.ch

Die Deutsche Nationalbibliothek verzeichnet diese Publikation in der Deutschen Nationalbibliografie. Detaillierte bibliografische Daten sind im Internet über dnb.d-nb.de abrufbar.

**Walter Dellers**
Eine Kindheit in Fürth
1928 - 1939

ISBN-10: 3743126575
ISBN-13: 978-3743126572

2. Auflage 2021

© 2017, 2021 by Walter Dellers
Alle Rechte vorbehalten – All rights reserved
Herstellung und Verlag: BoD - Books on Demand, Norderstedt

www.walter.dellers.ch

Nürnberger Straße 127, Februar 1928 - März 1931 .... 9

Kriegerheimstraße 18, März 1931 - März 1932 ......... 15

Georgenstraße 7, März 1932 - Juli/September 1939 .. 21
    Die Wohnung ...................................................... 21
    Einkaufen .............................................................. 25
    Die Mutter ............................................................ 31
    Der Vater .............................................................. 39
    Familienleben ...................................................... 47
    Kinderspiele ......................................................... 56
    Die Schule ............................................................ 82
    Die Umwelt ....................................................... 126
    Die Flucht .......................................................... 144

Anhang I: Lyrische Stimmungsbilder ....................... 153

Anhang II: Der Name Dellers ................................. 180

Hochzeit 1926
Margarete geb. Schröder und Emil Dellers

## Nürnberger Straße 127, Februar 1928 - März 1931

Geboren wurde ich am 28. Februar 1928 im Nathanstift zu Fürth als Walter Emil Konrad Dellers.

Mein Vater arbeitete seit 1926 in der Firma Bronzefarben und Blattmetallfabrik Bernh. Ullmann & Co zuerst als Fremdsprachenkorrespondent, später als Exportleiter. Im selben Jahr heiratete er. Da extreme Wohnungsnot herrschte, stellte der Chef Paul Ullmann der jungen Familie eine Wohnung im Verwaltungsgebäude Nürnberger Straße 127 zur Verfügung.

Meine Erinnerungen stammen wohl aus den ersten Monaten 1931 um meinen dritten Geburtstag. Mit einer Ausnahme: im August 1930 reisten meine Eltern zu Tante Mina und Onkel Johann in Bremen und nahmen mich mit. Das Datum steht auf einer Fotografie. Ich habe ein paar Bilder, sozusagen Momentaufnahmen, im Kopf. Meine Mutter trägt ein schwarzes Baumwollebadekleid, das klatschnass ihre Konturen zeigt. Sie geht mit mir auf Holzplanken am Rand eines öffentlichen Bades, ich halte mich ängstlich an ihrer Hand fest.

Onkel Johann stellt abends eine Schüssel Milch vors Fenster, am Morgen nimmt er sie herein, sie ist sauer, er löffelt sie zum Frühstück, lässt mich kosten, mich schüttelts: zu sauer.

Meine halbwüchsigen Vettern John und Werner reden zu mir in einer unverständlichen Sprache. Mittags werde ich zum Schlafen in ein Kinderbett gesteckt, ich schlafe nicht, hüpfe im Nachthemd umher, da fällts mir plötzlich braun hinten raus, das gehört sich nicht, ich schreie.

Soweit für 1930. Meine Mutter erzählte mir später, ich sei ein ungehorsames Kind gewesen, sie hätte mich in den Hof gestellt, die Arbeiter gebeten, das Tor geschlossen zu halten, es fuhren andauernd Lastwagen zu den Lagern ringsum, ich wäre entwischt, Leute hätten mich am nahen Kanal gefunden, am Wasserrand, und der Polizei übergeben, wo meine Mutter mich wieder entgegen nahm. Mehrmals! Ich war zweieinhalb! Immerhin Abenteuerlust.

Vom vorderen Zimmerfenster aus schaute ich - stundenlang in meiner Erinnerung - auf den Betrieb des Rangierbahnhofs Nürnberg-Fürth. Da fuhren kleine schwarzrauchende Dampflokomotiven hin und her, manchmal sausten Schnellzüge und ratterten Personenzüge vorbei, auch lange langsame Güterzüge wurden von stampfenden Ungeheuern gezogen - meine Reiselust könnte da geweckt worden sein. Mit acht ging ich dann auf Weltreise, kam aber nur bis Egersdorf und kehrte wieder um, weils mir langweilig wurde und ich müde war.

Heute schaue ich jenes Fenster immer an, wenn ich in der U-Bahn Richtung Nürnberg die Jakobinenstraße hinauffahre, man sieht das Haus mit dem Giebel deutlich.

Nach hinten lag die Küche. Einmal bemalte meine Mutter einen Berg Ostereier und schichtete sie in einer Schale auf. Ich fragte, wem diese Eier gehörten. Die gehören alle dir, sagte sie unpädagogisch. Mein Vater kam von der Arbeit, setzte sich an den Tisch und nahm sich, ohne mich zu fragen, ein Ei. Ich brüllte los, hätte ihm ja eines erlaubt, wenn er mich gefragt hätte, aber einfach eins von meinen Eiern zu nehmen, fand ich frech. Natürlich wurde ich ohne Eier ins Bett befördert, Gewalt ging vor Recht, Eltern verstehn ihre Kinder oft nicht.

Ein anderes Mal war ich allein in der Küche. Ich öffnete das Fenster, legte mich auf den Tisch, schaute vorsichtig in den Abgrund bis in den Hof hinunter. Da hatte ich eine Idee:

Walter 1930

nahm den blauen Emaileierkochtopf, legte, damit er nicht allein sei, als Gefährten einen Gürtel, der gerade da lag, hinein, und schickte ihn auf die Reise. Ich schaute ihm fasziniert nach, wie er nach unten segelte und mit Getöse auf dem geteerten Boden aufschlug. Dann schloss ich das Fenster wieder und behielt diese Reise für mich.

Besuch erhielten wir von der Großmutter aus Bühl, und auch Tante Hanna aus Bühl erschien mehrmals. Freundliche Frauen.

Auch an die Umgebung erinnere ich mich ein bisschen. Um die Ecke, an der Geierstraße, war eine Bäckerei, die meine Mutter mit mir regelmäßig aufsuchte. Da starb der junge Bäcker plötzlich. Ich fragte Mama, warum. Der hat zu viel Schokolade gegessen, sagte sie. Dass das nicht stimmen konnte, wusste ich: niemand aß andauernd so viel Schokolade wie sie. Ihr ganzes Leben lang. Sie wurde dennoch 84. Und mich schreckte der seltene Genuss auch nicht.

Schräg gegenüber, an der Nürnberger Straße, lag der kleine Lebensmittel- und Haushaltladen Schnöd. Es ging ein paar Stufen hinauf zur Ladentüre. Auf der Theke in dem dunklen Raum standen in großen Gläsern allerlei Bommbomms. Frau Schnöd gab mir immer eines zum Lutschen, das liebte ich. Rote, blaue, gelbe, grüne, weiße, braune, ah, schon die Farbe schmeckte. Und wie abenteuerlich es im Laden roch. Nach Gewürzen, nach Fisch, nach Käse, nach Essig, nach allem, was riecht. Alles wurde in Tüten und Tütchen abgefüllt, gewogen, kunstvoll verschlossen. Öl ins Kännchen, Essig ins Gläschen. Butter und Käse nach Gramm abgeschnitten und in Pergamentpapier eingewickelt. Die Heringe zusätzlich in

Zeitungspapier geschlagen.

1952 war Frau Schnöd immer noch im Laden, kannte mich natürlich nicht mehr, aber ich sie. Dann schloss der Laden für immer. Nur das steinerne Treppchen weist noch auf den alten Eingang hin.

Ein schlimmes Erlebnis erzählte mir meine Mutter. Mein Vater wollte mich zweisprachig erziehen; weil er Französisch sehr gut beherrschte, redete er von Anfang an mit mir französisch. Auf einem Spaziergang - ich war etwa zweieinhalb - rief ich laut: »Papa, regarde: voilà une cheminée!« Da drehten sich einige Männer drohend um, erhoben ihre Fäuste und schimpften: »Ihr Saufranzosen, Ihr habt hier nichts zu suchen, verschwindet!«

Deshalb bat meine Mutter den Vater, er solle mit dem Französisch aufhören, das sei gefährlich. Franzosenhass, genau wie in Frankreich Deutschenhass. Nationaler Hass überall.

Also wuchs ich fränkisch und hochdeutsch auf.

Das letzte Bild: ich klammere mich an ein Bein von Elisabeth Ullmann. Hoch oben redet ihr Kopf. Wohl mit meiner Mutter. Wohl zum Abschied. Deswegen halte ich sie fest. Sie war zwölf, als ich geboren wurde, jetzt fünfzehn. Sie spielte mit mir, war mir Freude, Lust, Wärme, Geborgenheit, Verständnis. Eine wunderbare Betreuerin. Aber der Abschied musste sein, Abschied ist immer im Leben (»sei allem Abschied voran« lehrt Rilke), vielleicht hat uns Elisabeth an der Kriegerheim- oder der Georgenstraße besucht, ich weiß es nicht.

Nach ihrer Flucht 1938 mit ihrem Vater - ihre Mutter lebte nicht mehr - in die USA, kehrte sie zur Wiedergutmachung kurz nach Fürth zurück, verkaufte das Haus an die »Quelle«

Tante Hanna mit Walter am Stadtparkeingang 1932

und verschwand wieder. Ich habe sie nie mehr gesehen, aber ich habe sie nicht vergessen, und trage alle ihre Wärme, die sie mir geschenkt hat, in mir.

Im März 1931 zogen wir auf den Espan.

## Kriegerheimstraße 18, März 1931 - März 1932

Ende März 1931 zog die bisher dreiköpfige Familie Dellers in eine freigewordene Zweizimmerwohnung im ersten Stock an der Kriegerheimstraße 18. Das Kriegerheim war nach dem verlorenen Ersten Weltkrieg nie gebaut worden, die Straße wurde von der Georgenstraße her in der Mitte durch den Garten der Villa S. unterbrochen. Die Wohnung gehörte zur sozialistischen Genossenschaftssiedlung Espan.

Meine Mutter war im vierten Monat schwanger, was ich natürlich mit drei Jahren nicht wusste, rund war sie ohnehin immer. Sie fragte mich, ob ich ein kleines Schwesterlein zum Spielen haben wollte, was mich außerordentlich freute. Ich solle jeden Abend ein Stück Würfelzucker auf den Fenstersims legen, das hole der Storch, und bringe dafür einmal das Schwesterlein aus dem Storchennest. Nun kannte ich die Störche, sie flogen über die Pegnitzwiesen, holten zappelnde Frösche aus den Bächlein in ihre Nester. Die hatten sie hoch oben auf mehreren Fabrikschloten auf der Stadtseite gebaut. Dass die Störche jedoch Kinder ins Haus bringen sollten, schien mir nicht glaubhaft. Ich hatte sie nur mit den zappelnden Fröschen im Schnabel gesehen, sonst klapperten sie in ihren Nestern und schliefen auf einem Bein stehend. Immerhin war der Zucker jeden Morgen, als ich nachschaute, verschwunden, das machte mich stutzig. Ich verlangte, unbedingt dabei zu sein, wenn das Schwesterlein gebracht würde, was mir meine Mutter versprach. Am 30. August 1931, einem Sonntag, wurde ich in aller Herrgottsfrühe geweckt und in die Villa S. hinübergebracht, ich dürfe den ganzen Tag mit dem gleichaltrigen Töchterchen Ruth, das ich schon kannte, spielen. Frühstück gabs üppig bei S., der Vater war dabei und eine

Haushälterin, da die depressive Mutter häufig in einem Sanatorium weilte. Ruth war wild und ungebärdig, aber ideenreich und anregend. Sie gab den Ton an, wir tobten durch das ganze Haus, vom Weinkeller, in dem es moderig roch, bis zum Dachboden, der nach heißem Holz duftete. Wir spielten auch im großen schattigen Garten, es war ein blauer Himmelstag. Abends wurde ich müde zurückgebracht - da lag das Schwesterchen zugedeckt in einem Wäschekorb. Ich war wütend, dass man mich nicht rechtzeitig geholt hatte, zudem war das

Mutter mit Walter 1928

Kindchen viel zu klein zum Spielen, und es in einen Wäschekorb zu legen fand ich ungehörig. Welche Enttäuschung nach einem solch fröhlichen Tag, doch die Müdigkeit deckte alles zu, ich schlief, wie heute noch, lang und friedlich. Aber ich habe nie mehr Zucker für Störche vors Fenster gelegt.

Mein Schwesterchen Marta wurde für mich zum Problem: spielen konnte ich nicht mit ihr, aber aufpassen musste ich auf sie. Ich hatte also eine ungeliebte Aufgabe. Da meine Mutter häufig spazieren oder in die Stadt ging, stand ich jeweils un-

Mutter mit Walter 1929

ten im Hof beim Kinderwagen. Der war hoch, fuhr auf vier Eisenrädern mit Vollgummireifen, ich musste mich strecken, um das schwarze, mit Wachstuch umspannte Ungetüm halten und schieben zu können. Meine Mutter schickte mich meistens nach unten, um den Wagen im Griff zu haben und auf Schwesterlein aufzupassen, denn sie brauchte ziemlich lange, bis sie sich schön gemacht hatte, was ich langweilig und unnötig fand. Schuhe an und los. Einmal lag Marta vergnügt im Wagen auf dem Rücken und schleckte ihre große Zehe im Mund. Das fand ich ungehörig, meldete es meiner Mutter, aber sie lachte nur: sie darf das. Ein andermal wars schlimmer: ich stand, langweilte mich, plötzlich spürte und erblickte ich tausend schwarze Ameisen mein Bein herauf wimmeln, ich schrie auf, gab dem Wagen unwillkürlich einen Stoß - schwupps, flog Marta in hohem Bogen über die Ligusterhecke ins Gras. Ich warf mich über das stachelige Gestrüpp, holte sie herauf, legte sie wieder in den Wagen. Kam meine Muttter gerannt: was ist los? Nichts, sie schreit halt. Das sind Bruder und Schwester im ersten Jahr ihres Beisammenseins. Später hat sich, durch viel Streit hindurch, ein ausgezeichnetes, liebevolles Verhältnis entwickelt, das bis heute andauert.

In der unbefahrenen Kriegerheimstraße, vor dem Hoftor, fand ich einen gleichaltrigen Spielkameraden. Ich hatte strikte väterliche Order, nicht über diese Straße hinauszugehen. Doch am Ende der Georgenstraße, übers Kavierlein hinaus, lag der »Schutt«. Das war ein Abfallplatz für die weitere Umgebung. So lagen Tausende von Zelluloidhülsen in allen Farben aus der Bleistiftfabrik umher, die wir sammelten und unter Hecken als ungeheure Schätze vergruben. Leider stellte mein Vater stets fest: du warst auf dem »Schutt«? Habe ich dir das nicht verboten? Prügel auf den Hintern. Mich erstaunte seine Findigkeit, heute kenne ich den Grund: auch die Bronzewerke luden ihren Abfall dort ab, so hingen an unseren Kleidern immer kleine glitzernde Goldstäubchen. Da nützte kein Leugnen.

Der Abort zur Wohnung lag jenseits des öffentlichen Ganges. Dazu brauchte man einen Schlüssel. Der war mit Grünspan überzogen, schmeckte aufregend im Mund. Ich erinnere mich noch genau an diesen sinnlichen Geschmack. Einmal fiel er mir von den Lippen in den Wasserablauf der Klosettschüssel. Ich rief, aber niemand hörte mich. Erst nach längerer Zeit rüttelte meine Mutter an der Tür: komm raus. Ich kann nicht. Dann holte sie einen Schlosser, der auch den Schlüssel wieder aus der Schüssel rettete.

Jahrzehnte später fand ich auf dem Fürther Grafflmargd das Straßenschild Kriegerheimstraße, von knäblichen Steinwürfen zerbeult. Jetzt hängt es über der inneren Eingangstüre in meinem Haus in Basel.

Mutter und Walter, im Kinderwagen Marta 1931

Im März 1932 zogen wir in eine Dreizimmerwohnung mit Garten an der Georgenstraße 7, etwa achtzig Meter entfernt.

Vater und Walter 1931

## Georgenstraße 7, März 1932 - Juli/September 1939

### Die Wohnung

Im März 1932 zogen wir von der Kriegerheimstraße 18 an die Georgenstraße 7, Erdgeschoss links, gerade an der Mündung beider Straßen. Die einstöckigen, hellgrau rauverputzten Häuser zu je vier Wohnungen waren etwa 1930 gebaut worden, modern gegenüber der Widderstraße von 1920, Rollläden zum Stellen, Bad mit Dusche, drei mittelgroße Zimmer, Wohnküche, hinten der bekieste Hof zum Wäschehängen und Holzspalten, anschließend vier Gärten zur Selbstversorgung. Vorgarten mit niederer Ligustereinfassung, einem Vogelbeerbaum, links um das Haus herum ein Weg, ein Beet, das wir bepflanzten. Innen gings ein paar Treppenstufen zur Wohnungstüre hinauf. Vom Gang aus nach vorne das Kinderzimmer, in dem ich schlief, mit hellgrünem Schrank und Stühlen, einem gelben, robusten Eisenbett, einem Eisenofen. Gegenüber der Eingangstüre lag das Badezimmer mit Klosett, Gas-Durchlauferhitzer, Badewanne, Dusche. Mit Seitenfenster das Herrenzimmer: dunkelbraune Möbel, Kachelofen. An der vorderen Ecke das Schlafzimmer, in dem auch meine kleine Schwester in einem Kinderbettchen schlief. Keine Heizung. Die Küche gegen den Hof, Kombiherd mit offenem Feuer, das mit Eisenringen zugedeckt werden konnte, Gasring, Schiff für heißes Wasser. Am Fenster eine Bank, davor der große Esstisch mit zwei ausziehbaren Schüsseln zum Geschirrwaschen. Einmal schlüpfte ich unten durch, stand etwas zu früh auf, der Tisch kippte, Geschirr und Wasser schwappten zu Boden, Scherben, Überschwemmung. Das einzige Mal, dass mir meine Mutter in heiligem Zorn Hiebe verpasste: sechs kurz zuvor bei Schocken in Nürnberg erstandene Kochlöffel zerbarsten auf meinem Kopf, ich war stolz auf meinen harten Schädel: sechse auf einen Streich! Geschirr und Löffel waren neu zu kaufen, der Linoleumboden aufzutrocknen. Alle Möbel waren vom Schreiner eigens für diese Wohnung hergestellt worden.

Das Klosett war auf der linken Seite, wenn ich saß, mit grüner Ölfarbe gestrichen, die Oberfläche wies größere und kleinere Knöllchen auf. Das war für mich eine fantastische Landkarte, ich reiste von Ort zu Ort, über Brücken und Berge, durch Wälder und Felder, die Welt hatte keine Grenzen, sie war unendlich, die Fantasie auch. Ich traf sonderbare Menschen, erlebte spannende Begegnungen, kämpfte mich durch Gefahren, kam heil ans Ziel. Aus dem Traum gerissen wurde ich durch Rufe von außen, ich solle die Sitzung beenden. Mama glaubte an Verstopfung, weil ich solange brauchte, drängte mir Obst und Gemüse auf, doch ich liebte Wurst und Semmel, Schnitten mit einem Zentimeter Senf oder Butter mit Salz oder Zucker darauf. Die Ölwand ließ mich nie los. Mit der Zeit erfand ich einen Freund, Hans aus Bamberg, mit dem ich mich unterhielt und Reisen und Abenteuer zusammen erlebte.

1946 fand ich in Basel einen echten Hans als Freund, ausgebombt aus Magdeburg, mit dem ich in den Wäldern der Umgebung heimlich die alten Lieder sang. Er wurde Architekt, starb 1953 plötzlich an einem Herzschlag.

Ab und zu öffnete Vater die gefährliche Dohle im Hof und schöpfte menschlichen Dung mit einem Eimer an einer langen Stange heraus und goss ihn auf die Gartenbeete. Es roch aufregend.

Im Waschhaus wurde reihum alle vier Wochen gewaschen, dafür kam eine Waschfrau, die mit Mutter zusammen auf einem Holztritt stand und in den dampfenden Kesseln mit langen Stangen rührte. Für Kinder war der Zutritt streng verboten, wir schauten vom Hof aus zu.

Marta, Mutter, Walter am Kanal 1932

Im Keller hatte jede Wohnung einen geräumigen Lattenverschlag. Da bewahrte Mama ihr Eingemachtes in Gläsern auf. Die standen auf Gestellen, ein reichhaltiger Vorrat. Marmelade natürlich, in Fürth Schelee genannt, aller Sorten. Ebenfalls Kompotte. Früchte aller Art. Gemüse, zb grüne Bohnen. In blaugrauen Steinguttöpfen lagerten gekochte Eier. Manchmal hatte ich ein schweres Glas in einem Korb heraufzuholen. Der Keller wurde auch als Verbannungsort bei schwerer Strafe benützt. Das Verdikt sprach Vater aus, Mutter hatte das nicht so gern, denn es gab innen keinen Lichtschalter und die Türe wurde zugeschlossen. Anfangs hatte ich Angst, aber dann gewöhnte ich mich daran, untersuchte tastend in der Finsternis den Raum mit seinem Inhalt, da waren ja auch noch Gartenwerkzeuge und das und jenes Ungebrauchte. Weil ich so wild war und meinen eigenen Gesetzen folgte, wurde diese Höchststrafe häufig ausgesprochen, doppelt bitter, weil sie gleichzeitig bedeutete, dass es für mich kein Abendessen gab. Später kam heimlich Mama herunter, brachte mir eine dick mit Ei und Mayonnaise belegte Butterstulle und führte mich schweigend ins Bett. Dann hatte sich der Abenteueraufenthalt gelohnt. Einmal entdeckte ich einen Haufen am Tag gelieferter Briketts, die sollte ich gewiss anderntags aufschichten, kam dem jedoch zuvor: mit einem Besenstiel zerschlug ich jedes einzelne Stück und hatte damit meine Wut abreagiert. Am nächsten Tag erblickte mein Vater diesen zerbrochenen Rußberg, glaubte, die Briketts seien so geliefert worden, beschwerte sich bei der Firma und erhielt eine neue Lieferung! Ich war hoch erfreut.

Im Garten lag vorne ein Sandhaufen, in dem wir hingegeben spielten. Neben dem Eingangstörchen stand ein altes hölzernes Heringsfass, immer mit Wasser gefüllt, das einmal in dem stets kalten Winter zerbarst, als das Eis sich ausdehnte. Dann ersetzte es Vater durch ein Eisenfass. Das stand noch in den sechziger Jahren da.

Im hinteren Teil wuchs ein Zwetschgenbaum, gegen Schädlinge durch einen Leimring geschützt. In seinem Halbschatten aßen sonntags die Gäste Mutters Schweinebraten mit Klößen und tranken reichlich Bier, dann wurde Schach oder Sechsundsechzig gespielt. Werktags schrieb ich dort meine Schulaufgaben. Dahinter und davor wuchsen Bohnen an Stangen, allerlei Beeren, Erdbeeren, Salat, Rettiche, Gurken, Weißkohl, Rotkohl, Rosenkohl und sonst noch allerlei.

Nach einer Anfangszeit wurde die Miete auf 27 Reichsmark gesenkt. Das war sehr günstig.

**Einkaufen**

An der Wiesenstraße lieferte die Bäckerei Zellhöfer dunkles und helles Brot, den Zweipfünder zu 24 Pfennigen. Das weiß ich noch, denn selbstverständlich wurden die Kinder zum Einkaufen geschickt. Besonders an Samstagen eilten wir mit den Zwetschgen- und Apfelkuchen auf dem Blech zum Zellhöfer, der alles mit einer langen hölzernen Schaufel in den vom Backen noch warmen Ofen schob. Auf dem Kuchen klebte ein Pergamentpapierstreifen, der den Namen mit violettem Tintenbleistift zeigte.

Am Abend rannten manche Buben mit einem Maßkrug in die Wirtschaft an der Wiesenstraße und holten für den Vater frisch gezapftes Bier. Schläger aus den alten Mietsblöcken machten ihnen den Gang jedoch schwer, waren sie klein, so leerten sie ihnen die Krüge aus. Daheim gab es dann Senge. Mich ließen sie in Ruhe, ich sah grimmig drein und hätte jedem den Krug auf den Kopf gehauen. Das gefüllte Glas war so schwer, dass ich es mit beiden Händen halten musste. Ein bisschen vom Schaum schleckten wir alle ab, das verlangte die Männlichkeit, aber es schmeckte nicht.

Schlimmer war die Lage für kleine Mädchen, etwa mein Schwesterchen. Die holten Milch in der Kanne. War auch schwer zu schleppen, und die bösen alten Espaner, wie wir sie nannten, schütteten ihnen die Kannen aus, und wenn ein Mädchen heulte, waren sie befriedigt. Zuhause hieß es dann: dich kann man auch zu gar nichts gebrauchen, du musst dich halt wehren. Lebenskampf, früh gelernt.

Marta im Garten 1933

An der Ecke Georgen- Wiesenstraße steht noch heute ein Extrahäuschen, darin war eine Filiale der Metzgerei Schramm, mit guten Fleisch- und Wurstwaren. Kinder erhielten immer ein Wursträdchen und kamen gern wieder.

Die Milch brachten Herr und Frau Dimper in schönen Glasflaschen mit Aluminiumdeckeln, verpackt in einem Fahrradanhänger. Diese Deckel der Bayerischen Milchversorgung waren wertvoll, wurden gesammelt und gegen die siebzehn Hefte des »Bilderatlas zu den bayerischen Lesebüchern« eingetauscht. Die meisten Hefte haben die spätere Plünderung überlebt, ich liebe sie noch heute.

Am Sonntag lieferte ein Ausläufer in einer Hucke auf dem Rad frische Semmeln. So waren wir mit Schrammscher Leberwurst, Gelbwurst, Schinken, Ei im Tässchen, Schweineschmalz, Honig, Marmelade wohlgenährt. Kaffee für die Eltern, Malzkaffee für die Kinder.

Über die Kanalbrücke zogen wir oft auf einem Sandweg ins nahe Poppenreuth. Dort fanden wir auf Bauernhöfen allerlei Gemüse, Kartoffeln, saure Butter aus dem Fass, Sauerkraut aus dem Fass, auch den damals billigen Spargel aus dem Knoblauchsland, der zerschnitten an einer Buttersoße auf den Tisch kam, mir aber als Kind nicht schmeckte, so wenig wie Spinat und alle Kohlsorten. Einmal schaute ich aus meinem Fenster einem heftigen Gewitter zu, als Mama mit der heulenden Marta an der Hand durch die Regensträhnen von Poppenreuth her zurücklief: ein faszinierender Anblick. Schwer wurde ich gescholten, dass ich nicht die Türe öffnete, sondern am Fenster verharrte, als sie ankamen. Aber deswegen blieb mir diese Szene im Gedächtnis.

Unterwegs sahen wir den Bauern bei der Arbeit zu. Oft musste die ganze Familie das Heu aufladen, um es vor dem Regen in die Scheune zu befördern. Da schwankte der Heuwagen mit den Kindern obenauf so rasch als möglich zum Hof zurück, manchmal trocken, manchmal unter einem Platzregen. Zugtiere waren ausschließlich Ochsen, geduldige stämmige Wesen. Pferde wären zu teuer gewesen. Auch in den Fünfzigern sah ich noch Bauern, die mit Ochsen pflügten.

Was es heute nicht mehr gibt, war damals selbstverständlich: jedes Jahr schwirrten ungeheure Scharen von Maikäfern durch die Luft und richteten gewaltige Schäden an Grünpflanzen an.
  Wir Schulkinder sammelten sie und erhielten für die Schulkasse Prämien. Viele Jungens steckten ein paar in eine Schachtel und stopften ein grünes Blatt hinterher. Mir grauste es vor dem Gewimmel. Das Lied »Maikäfer flieg« war in aller Munde, obwohl es traurig war.

Eine andere schlimme Erscheinung war die Maul- und Klauenseuche. Manches Dorf war deshalb für Besucher gesperrt. Eine Tafel am Ortseingang wies darauf hin. Diese Viehkrankheit kam und ging und war nicht wegzukriegen.

Mittelfranken ist reich an Sommergewittern, mit gewaltigem Donner und sichtbaren Blitzschlägen. Der Kanal fing die meisten ab. Aber 1934 schlug der Blitz in einen violetten Block am Kavierlein ein, ein Loch vom Dach bis in den

Keller war die Folge. Ich war vier Jahre alt, hatte Mitleid mit den Bewohnern, die nicht mehr geschützt waren gegen den strömenden Regen. Also nahm ich anderntags einen Hammer in die Hand und marschierte ans Kavierlein, um das Dach zu reparieren. Da waren aber schon Männer oben und deckten das Loch zu. Ich war befriedigt und ging wieder nachhause. Die Welt war in Ordnung.

In der »Restauration Kriegerheimstätte« wurde einmal im Monat geschlachtet, da liefen die Kinder mit Milchkannen hin und holten die »Metzelsuppe«, das war eine schmackhafte Mahlzeit. Daneben mussten wir Kinder im »Konsum« einkaufen, was unangenehm war: die Frauen drängten sich gegenseitig vor und schoben die Kinder weg. An die Ladentheke zu gelangen war ein Kampf.

Großmutter Schröder Kronach 1932

Samstags fuhr ein Planwagen, von einem Pferd gezogen, in die Georgenstraße und viele Familien kauften einen Fünfpfünder-Frankenlaib. Wir schauten zu, wie das Pferd aus dem umgebundenen Hafersack fraß und manchmal schnaubte, was uns einige Angst machte. Dann durften zwei, drei auf dem Bock bis zur Ecke Kavierlein mitfahren. Welch ein Genuss!

Im Herbst mit Ross und Wagen vom Dorf gebracht wurde nach Bestellung auch ein Dreißig-Liter-Fäßchen Apfelsaft, der versüßte uns den Winter.

Großer Einkauf bedeutete einen Fußmarsch zur Stadt. Der führte durch die Poppenreuther Straße über die Ludwigsbrücke, die Untere und die Obere Fischerstraße, die Waagstraße, unter dem »Stadttor« hindurch zum Obstmarkt und natürlich zur Schwabacher Straße. Da war die billige Ehape, das Schuhgeschäft Salamander, Lebensmittelläden namens Georg und Roth und andere mehr. Alle verteilten Rabattmarken, die ich in entsprechende Hefte klebte, etwa zehn verschiedene. Das Kleidergeschäft Fiedler an der Friedrichstraße war da zu vornehm dazu. Die meisten Kleider ließ Mutter ohnehin von der Schneiderin Frau Glössinger bei uns zuhause nähen. Auf dem Rückweg zum Espan waren wir behängt mit Taschen und Netzen, alles immer zu Fuß. Ein Bus fuhr nur selten die Erlanger Straße hinauf. Schusters Rappen war allgemein und bestimmt für den Körper nützlich.

**Die Mutter**

Als wir, Mama und ich, im März 1932 die ausgeräumte Wohnung besichtigten, war eine magere, abgehärmte junge Frau in einem Waschkleid mit Strupfer und Besen damit beschäftigt, die Tannenböden sauber zu hinterlassen. Meine Mutter redete mit ihr, sie weinte, ihre Familie war ausgewiesen worden, weil ihr arbeitsloser Mann die Miete schon lange nicht mehr bezahlen konnte. Wir waren die Glücklichen, Vater verdiente 350 Reichsmark im Monat, das war damals ein gutes Einkommen. Sieben glückliche Jahre, mindestens von mir aus gesehen, standen uns bevor, wir ahnten nicht, dass wir zuletzt ebenfalls ausgewiesen wurden, an Leib und Leben gefährdet, aller Habe ledig.

Mama wirkte vorwiegend in der Küche. Das Fenster zu Hof und Garten stand im Sommer weit offen und ihre Stimme schallerte laut über die Gegend und die Leute freuten sich über die Volkslieder (Im grünen Wald, da wo das Rehlein springt, Rehlein springt), Kirchenlieder (Harre, meine Seele), Arien aus Operetten (Machen wirs den Schwalben nach, bauen uns ein Nest) und Opern (Marta, Marta du entschwandest), die unentwegt die blaue Luft durchklangen. Ihr ganzes Leben redete sie ihr breites Schwäbisch, sie kannte keine andere Sprache. Nur wenn sie etwas stark betonte, wechselte sie ins Hochdeutsche, das war wie der erhobene Lehrerfinger. Zwischen ihren Melodien rief sie häufig: »Walta, schrei net so!«, ich blickte ungläubig auf, wusste, dass ich ja nicht schrie, nur laut rief. »I schrei doch net« schrie ich zum Fenster hinauf.

Wenn es regnete, durfte ich nicht hinaus, erst »wenn die Dächer nicht mehr glänzen« galt als Erlösung. Sehnsüchtig schaute ich auf die Dächer der Widderstraße, sie glänzten unbarmherzig weiter, auch wenn der Regen aufgehört hatte. Kinder sind ungeduldig, ich zappelte, bis die Dächer nur noch ein bisschen glänzten.

Sie war gütig, nahm die Erziehung ernst, verhalf mir zu einer wunderbaren Freundschaft: »Die Eltern sehen nicht alles, was du anstellst, aber Gott sieht alles, und er straft dich.«
Das habe ich mir überlegt: Gott ist allmächtig, allsehend, allüberall, er ist der Stärkste. Also wähle ich ihn mir zum Freund. Er war einverstanden, ists noch heute, ermahnt mich, wenn ich etwas falsch mache, lobt mich, wenn ich etwas gut mache, und das ist viel häufiger, und gestraft hat er mich nie und nimmer, er ist doch mein Freund. So kommen wir gut aus und ich nehme sowohl Kritik als auch Lob gern an.

Ein Kind verletzt sich immer wieder. Mutter ist die Heilerin. Sie gab nichts auf gekaufte Salben oder Tabletten, sie folgte alten Naturrezepten. Eine blutende Wunde deckte sie mit einem Spitzwegerichblatt zu. Mit der Zeit konnte ich das selber besorgen, Spitzwegerich wuchs überall. Sand in der Wunde schafft der Körper von selber hinaus, meinte sie. War mir schlecht, trank ich Wermuttee, aber der war so bitter, dass ich mich manchmal deswegen übergeben musste, was ja auch den Magen erleichtert. Erkältungen bedeuteten heiße Schmalzwickel um den Hals, auch Brust und Rücken rieb sie mit heißem Schweineschmalz ein. Fieberträume wusch sie mit kaltem Wasser weg. Natura sanat - die Natur heilt alles.

Mamas ständige Fron war das Sockenflicken. Die bekamen, wenn im Winter getragen, fast jeden Tag ein Loch an der Fer-

Mutter am Kanal 1932

se. Ich wollte ihr helfen, sie gab mir ein paar, ich zog sie über dem Loch zusammen, war stolz auf meine Fertigkeit, reichte sie ihr zurück, sie staunte, doch plötzlich entdeckte sie den gut gemeinten Schwindel und gabs auf, mich als Hilfskraft zu verwenden.

Hingegen durfte ich nie an die neu erworbene Nähmaschine Marke Pfaff, versenkbar, mit Tretrad, die sie selbst und Frau Glössinger, die Schneiderin, zum Kleidernähen verwendete.

In ihrer Abwesenheit sah ich die Maschine offen stehen, versuchte mich daran, brach natürlich die Nadel ab, verschwand schleunigst, sah ein, dass ich nicht nähbegabt war.

1932 war das Jahr der größten Arbeitslosigkeit. 6 Millionen zogen bettelnd durch die Lande, weil sie hungerten. Ich war vier Jahre alt. Mittags kamen dürftige Männergestalten mit Schildmützen, klingelten, murmelten etwas. Mutter wies sie auf die Treppe, ich brachte jedem, manchmal waren es sechs aufs Mal, einen Teller Suppe und fünf Pfennig Wegzehrung.

Für fünf Pfennige bekam man einiges beim Bäcker, eine billige Zigarette kostete einen Pfennig. Vermutlich teilten die Bettelnden einander Anschriften mit, wo man etwas zu essen bekam. Ich fragte Mutter: warum kommen die nicht zu uns an den Tisch? Wir kennen sie nicht, das wäre gefährlich, erklärte sie. Die demütig-dankbaren Blicke der Männer haben sich mir eingeprägt. - Ein Jahr später kam niemand mehr. Das war ein Plus für den »Führer«. Die Methoden allerdings kannten die Menschen nicht.

Als 1935 ihr Bruder Hans in New York an Herzversagen starb und sie das aus einem Brief seiner Frau erfuhr, schluchzte sie stundenlang laut zum Fenster hinaus, dann sang sie eine Woche lang immer »Harre meine Seele«, und dann hatte sie den Schmerz in ihre Seele eingefügt. Sie waren als Kinder immer Hänsel und Gretel gewesen. Mit achtzehn war er noch in den Krieg eingezogen worden, musste als Meldeläufer das Gas in den Schützengräben »schmecken«, wanderte nach Amerika aus, schlug sich als Kohlenträger durch, hinterließ Frau und eine kleine Tochter.

Den Garten bepflanzten wir nach Mamas Wünschen: Bohnen, Salat, Rettiche, Kohl, Spargel und anderes Gemüse, aber auch Stachelbeeren, Johannisbeeren, Erdbeeren. Weil ich auf ihr Geheiß die Beete mit Kompost versah, wurde sie für ihre schmackhaften Erdbeeren bekannt, und mancher Gärtner holte sich von ihr Ausleger. Wir Kinder durften von allem naschen, so viel wir begehrten.

Sonderbar und aufregend fand ich ihren Nudelteig, der riesig ausgebreitet auf alle Bettdecken zum Trocknen gelegt und nachher in breite Streifen geschnitten wurde.
 Spätzle schabte sie mit einem Messer aus einer schräg gehaltenen Schüssel in kochendes Wasser in einem besonderen Rhythmus, den ich heute noch höre: tsch, tsch, tschittetti, tsch, tsch, tschittetti.
 Aus dem Schlaf gerissen, hörte ich Schüsse in der Küche. Erschreckt ging ich hin und sah nach. Es schoss im Herd. Das immerhin beruhigte mich. Anderntags erfuhr ich, dass Mama Kirschkerne in die Glut geschüttet hatte, die natürlich nachts explodierten.

Wenn es sommerlich heiß war, wurde die Milchflasche in den Guss gestellt, und kaltes Wasser floss stetig darüber. Wasser gabs zuhauf und war billig. Die Butter, entweder aus dem bäuerlichen Fass herausgeschnitten oder von der Bayrischen Milchversorgung in Metallpapier verpackt, lag in einem runden Glas, das in einem mit kaltem Wasser gefüllten runden Tongefäß mit Deckel schwamm. Das Wasser musste von Zeit zu Zeit erneuert werden.
 Meine Schwester hat diesen Butterkühler, mit einigen Rissen, Schrammen und abgebrochenen Rändern, in ihrer Berliner Küche als nostalgisches Gerät aufgestellt.
 Von einem Kühlschrank hat man nur geträumt, immerhin gabs ihn schon bei den Verwandten in Amerika.

Für Gäste und Vater kochte Mama traditionell: Braten, Klöße, Kartoffeln, Nudeln, also deftig. Mehr und mehr jedoch wechselte sie für sich und uns Kinder zur gesunden Reformkost.

Da war Pfarrer Künzle, der Kräuterpfarrer. So bekamen wir Brennnesselsaft vorgesetzt, dunkelgrün, dickflüssig, bitter. Meine Schwester weigerte sich, ich schloss die Augen und überwand mich, denn ich hörte: Brennnessel macht stark und verhindert Krankheiten.

Da war Pfarrer Kneipp mit seiner Kaltwasserkur. In Zirndorf entstand ein Kneippbad, wir schauten es an, duschten und badeten aber zuhause in der Wanne abwechselnd warm und kalt. Geblieben ist mir bis heute die Gewohnheit, morgens und abends warm und kalt zu duschen.

Da war Dr. Bircher-Benner, der Erfinder des Bircher-Müsli, frische und getrocknete Früchte mit Haferflocken und Milch. Hafer macht die Pferde stark, das sahen wir, also wurden wir pferdestark. Ist noch heute mein Frühstück.

Da war Walter Sommer in Schleswig-Holstein mit seiner Zeitschrift »Lichtheilgrüße«, Verkünder der Rohkost. Noch heute esse ich täglich gemischten Rohkostsalat.

Auf leeren Äckern ernteten wir, mit Erlaubnis des Bauern, geschossenen Feldsalat. Ich lernte: alles, was hart zu beißen ist und nicht gut schmeckt, ist gesund. Ebenfalls liebte sie das »Unkraut« »Hiehnerdarm«, kochte es als Spinat, war wie Schnüre im Mund. Später fand ich heraus, dass es auch einen poetischen Namen trug: »Hirtentäschel«. Aber wir kauten Hühnerdarm.

Da waren, nach dem Krieg, Brecht's Kochrezepte, die alles zusammenfassten.

Mutter folgte der »natürlichen« Ernährung: Gewachsenes, Gesammeltes, Gepflücktes aus dem Garten Eden, Vater hielt am erfundenen Kulturgut fest: Gekochtes, Gebratenes, Gebackenes.

Mir gefällt beides.

»Licht, Luft und Sonne«, höre ich mein Leben lang meine Mutter ausrufen, die Fenster standen offen, auch im Winter

Mutter, Georgenstraße 7, 1937

immer wieder, wir nahmen Sonnenbäder und atmeten Waldesluft. Geblieben ist mir das tägliche Morgenturnen am offenen Fenster, bei goldener oder grauer Luft, trocken oder nass, warm oder kalt. Es lohnt sich, macht frisch, erhält beweglich und regt den Geist an.

Im Jahr 1937 wurde es möglich, das Fürther Salz-Schwefel-Heilwasser auf dem Espan aus einer neugebohrten Quelle zu schöpfen. Eine Rede wurde gehalten, viele Menschen strömten zusammen, von Fürth als kommende Bäderstadt war die Rede, der alte Kurgarten war zerfallen, die Ludwig-Quelle am Steilhang zur Pegnitz war gefährlich und spärlich, es herrschte Freude und Begeisterung. Mama füllte mir meinen mitgebrachten Becher, ich zwang mich ein einziges Mal zu einem Schluck, es schmeckte entsetzlich nach Salz und Schwefel, ein Teufelstrank, den Rest schüttete ich in einem unbeobachteten Augenblick über meine Schulter. Mama jedoch sah den leeren Becher, füllte ihn erneut, ermunterte mich, gesund zu bleiben, ich tat so, als tränke ich, schüttete das Gift wieder über die Schulter. Fortan weigerte ich mich wie meine Schwester, dieses angebliche Heilwasser täglich zu trinken.

Nach dem Krieg rächte ich mich schmunzelnd, wenn jemand mit mir Fürth, das ja niemand kennt und das keine Touristen sieht, kennenlernen wollte und manchmal heute noch will: ich zeigte und zeige Fürths spröde Schönheit, ermuntere zu einem Schluck aus der lauen Mainauquelle, und freue mich über den Gesundheitsschreck des Gastes.

In ihrer religiösen Welt hatte Mutter zwei Lieblinge: den jungen Jesus als liebwerten Sohn und, viel wichtiger, Abraham, den Vater der Vielen, als väterlichen Beschützer, in dessen

Schoß sie jetzt im Himmel sitzt, wie sie es sich noch auf dem Sterbebett mit vierundachtzig gewünscht und geglaubt hat.

**Der Vater**

1920 schlossen sich alle Ritterbünde zum Deuschen Ritterbund zusammen. Mein Vater war Mitglied im Fürther »Bund Edler Ritter«. Diese Bünde existierten seit dem 16., vor allem dem 19. Jahrhundert. Ziel war, nach der Abdankung der deutschen Fürsten 1918, die Aufrechterhaltung des monarchischen Prinzips, Treue zum Großmeister, ritterliches Benehmen, nach der Verstümmelung des Deutschen Reiches 1918-1921 Erinnerung an das Heilige Römische Reich Deutscher Nation im Mittelalter. Jeder »Ritter« wählte sich eine Burgruine in der Fränkischen Schweiz als »Stammburg«, deren Namen er trug. Vater wurde Emil von Hohenstein genannt, an den Versammlungen kurz Hohenstein. Andere hießen Lichtenstein, Hartenstein, Pleystein, Veldenstein, Leienfels, Falkenberg, Bayereck, Lichtenegg, Reicheneck. Monatliche Zusammenkunft, genannt »Kapitel«, in der »Himmelsleiter« an der Pfisterstraße, gemeinsamer Besuch der Stammburgen. 1938 zeigte mir mein Vater auf einer Fahrradfahrt »seine« Burg Hohenstein, damals in Trümmern, heute renoviert. 1929 verfasste Hohenstein, frei nach Schiller, eine »Huldigung an den Bund«:
»Wir wollen sein ein edler Bund von Rittern
In keiner Not uns trennen und Gefahr
Mag auch die Welt und alles drin verwittern;
Wir bleiben fest als treue deutsche Schar.«
Während der Kapitel wurden auch geschichtliche Vorträge über das Mittelalter gehalten, Hohenstein etwa über die

Kreuzzüge. Obwohl Kriegsgegner, befasste sich mein Vater mit Militärgeschichte, schrieb Artikel für militärische Zeitschriften, nannte sich später Militärschriftsteller. Eine goldene Anstecknadel in Wappenschildform mit den Initialen BER eingraviert zierte den Aufschlag des Jacketts. 1935 wurde der Deutsche Ritterbund mit allen seinen Verbänden zur Selbstauflösung gezwungen.

Die romantische Welle wogte jedoch weiter in den häufigen Aufmärschen der Alten Uniformen, die Vater und Sohn mit Begeisterung anschauten. Die Truppen zogen von der Nürnberger Straße her durch die Königstraße. Auch stolze Kavallerie war zu sehen, und manchmal in der berittenen Blasmusik der Kesselpauker. An Sonntagen spielte jeweils eine Militärkapelle Märsche und Opernouvertüren im Pavillon der Hindenburganlage (früher Englische Anlage, heute Dr.-Konrad-Adenauer-Anlage).

Mein Vater arbeitete seit 1926 in der Firma Bernh. Ullmann & Co. an der Nürnberger Straße 127 zuerst als Fremdsprachenkorrespondent (Diplome aus Berlin in 14 europäischen Sprachen), später als Exportleiter. Bronzepulver, vor allem für Goldrahmen, war das Produkt. Müsterchen hießen etwa Reichgold, Bleichgold, Reichbleichgold. Alle Farben in allen Schattierungen waren erhältlich. Mein Vater fuhr mit dem Rad zur Arbeit, er strich es in allen Bronzefarben an, ein glänzend buntes Fahrzeug. Er musste gut angezogen sein, das bedeutete: jeden Morgen einen steifen weißen Kragen ans Hemd ansetzen, schwierig, den Kragenknopf einzusetzen, eine glatte Hemdbrust um den Hals hängen, mit einer schwarzen Fliege darauf.

Die Mittagspause dauerte von zwölf bis zwei Uhr, für seinen Weg brauchte er bloß fünf Minuten. So kam er immer zum Mittagessen heim. Nachher war es meine Aufgabe, ihm warmes Wasser hinzustellen, den Pinsel bereit zu legen, mit dem er Seifenschaum herstellte, sich damit das Kinn umhüllte und es mit einem scharfen Rasiermesser schabte. Manchmal schnitt er sich ein wenig, dann hielt er einen kühlen Bimsstein auf die Wunde. Das ganze Zubehör steckte in einem Holzkistchen mit der Aufschrift: »Gebrüder Rauh, Stahlwaren-Versandhaus, Fabrik 1. Ranges, Gräfrath-Solingen.«

Für feierliche Tage trug er einen maßgeschneiderten Frack mit Zylinder.

Mich nahm er seit dem vierten Jahr überallhin mit, zeigte mir Nürnberg in seiner mittelalterlichen Schönheit (und Armut), die vielen großen und kleinen Kirchen, die Burg mit der Kaiserlinde und dem tiefen Brunnen, die Stadtmauern, Tortürme, das Verkehrsmuseum mit den bayerischen Königswagen. Einem hölzernen Modelleisenbahnwagen konnte ich nicht widerstehen, zog heimlich an einem Puffer, hielt ihn in der Hand, erschrak und stecke ihn wieder in sein Loch.

Nach dem Krieg ging ich wieder hin, zog als Erwachsener an dem Puffer, hielt ihn wieder in der Hand, steckte ihn wieder zurück: er war nicht angeklebt. Man kann ihn heute noch herausziehn.

Vor dem Hauptbahnhof stand ein riesiges Denkmal mit Kaiser Wilhelm auf seinem Ross. Plötzlich war es verschwunden. Auf einer Straßenbahnfahrt außerhalb Nürnbergs entdeckte ich den Kaiser hinter einem hohen Zaun schräg in der Luft auf einem Schrottplatz. Heute steht er wieder unbeachtet auf dem Egidienplatz. Schrift: »Wilhelm I.« Sonst nichts.

Auch die Umgebung von Fürth und Nürnberg zeigte mir mein Vater auf Erkundigungswanderungen. Einmal gerieten wir mitten im Wald in ein starkes Sommergewitter, entdeckten einen Unterstand und flüchteten uns wie viele andere Sonntagswanderer unters Dach. Das war Baugebiet der Reichsautobahn Nürnberg-Berlin. Weil ich in meinem Leibchen schlotterte, gab mir eine mitleidige Frau aus ihrer Feldflasche Tee zu trinken, aber da war ein starkes Zaubermittel darin, plötzlich war mir angenehm warm, ich staunte, die Leute lachten.

Ein häufiges Sonntagsvergnügen war der Platz am Eisenzaun rechts vom Hauptbahnhof Fürth. Da stand die abfahrtbereite riesige Lokomotive eines Schnellzugs, stieß ihre Dampf-

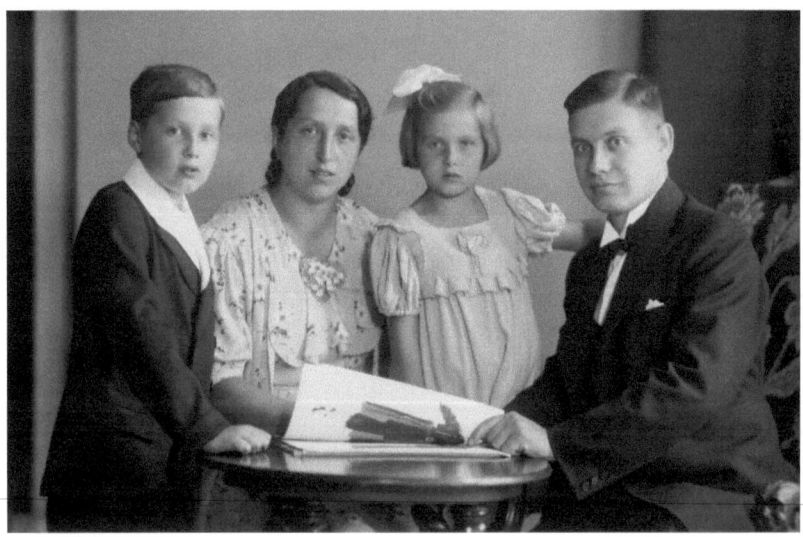

Familienbild 1937

wolken aus, lärmte, dann setzten sich die Kolben langsam in Bewegung und trieben die schweren Speichenräder an. Der Schlot warf schwarze Rußschwaden in die Höhe, immer stärker, immer schneller, der ganze Zug rollte vorbei. In den Bahnhof konnte man ja nicht ohne weiteres, durch die Sperre gings nur mit einer bezahlten Karte.

Vater war ununterbrochen tätig, trieb vergleichende Sprachwissenschaft auf meterlangen Papierbogen, die er manchmal durch den halben Garten legte. Dann kaufte er, vorwiegend aus Esslingen, Soldatenbögen in ihren historischen Uniformen zum Ausschneiden und Aufstellen. Damit spielten er und ich alte Schlachten nach, etwa die Völkerschlacht bei Leipzig, er hatte ja zwei Jahre in Leipzig gearbeitet und schwärmte von Sachsen und Thüringen. Mit der Zeit führten wir ganze Kriege, und dazu zeichnete er die entsprechenden Kämpfer, ich malte sie an, sie füllten Schachteln. Des weiteren schuf er auf Papier deutsche Fußballmannschaften, meistens rein geografisch, jede größere Stadt bekam ihre Mannschaft, so war der Torwart von Lippe sehr breit und deswegen wurde Lippe fast immer Meister. Nebenbei schauten wir zeitgenössische und geschichtliche Landkarten an, so bekam ich einen Überblick über die reichhaltigen Landschaften und Staaten des Deutschen Reiches.

Vater spielte Schach mit seinem Freund Joseph, verlor aber immer, was ihn bewog, mir mit etwa acht Jahren das Schachspiel beizubringen und an mir zu üben. Ich fand das zunächst spannend, beherrschte bald die Regeln, verlor aber jedes Spiel, weil ich dem abstrakten Denken noch nicht gewachsen war. Mein Vater hingegen war befriedigt, ein Pädagoge war er nicht, sonst hätte er mich manchmal gewinnen lassen. Deshalb hasste ich Schach und weigerte mich stets, es mit jemandem zu spielen.

Acht Jahre war ich alt, als ich Französischunterricht erhielt, ebenso eine Einführung ins mittelalterliche Kirchenlatein. (Später liebte ich die französische Sprache und Literatur und studierte ausgiebig Mittellatein.) Auch Schreibmaschinenschreiben lernte ich, und zwar das Zehnfingersystem, das mein Vater nicht beherrschte, er tippte ungeheuer rasch mit zwei Fingern. Seine Maschine hatte alle Sonderzeichen aus allen europäischen Sprachen.

Als ich nach der Flucht mit elf Jahren eine Zeitlang in einem Waisenhaus landete, hat mich das Maschinenschreiben vor harter Handarbeit bewahrt, ich erkämpfte mir einen Platz im Sekretariat.

Sicher war ich forciert, aber ich freute mich, meinen Vater einzuholen. Und zum Spielen mit den vielen anderen Kindern fand ich reichlich Zeit.

In seiner Leipziger Zeit hatte Vater besondere Orte der deutschen Geschichte kennengelernt und erzählte mir von ihrer Bedeutung, da waren die Wartburg und der Kyffhäuser in Thüringen,, das Hermannsdenkmal im Teutoburger Wald und auch die Walhalla an der bayrischen Donau, jener hergewehte griechische Ehrentempel, und Schillers Wilhelm Tell am Vierwaldstätter See.

Später begriff ich, dass deutsche Geschichte mit Mythen zu tun hat, was letzten Endes auch 1945 den fanatischen Glauben an den Endsieg erklärt.

Jede Woche brachte Vater einen Band Karl May aus der Bibliothek, wir lasen ihn beide, ich die fünfhundert Seiten in einer Stunde, fieberhaft. Die Landschafts- und Seelenbeschreibungen übersprang ich natürlich, nur das Reiten und Kämpfen fand ich spannend. Vater schüttelte den Kopf: lies langsamer, du hast mehr davon. Das war für ihn richtig, nicht für mich. Dennoch unterhielten wir uns über die Geschehnisse, das vertiefte die Anteilnahme und die Erinnerung. Alle 65 Karl-May-Bände haben wir gelesen, aber die Heimatgeschichten und Mara-Durime-Romane blätterten wir bloß durch.

Gemeinsam lasen wir aus einer Leihbibliothek Kriegsbücher, Graf Luckner: Seeteufel, Panzerkreuzer Emden, Die Schlacht von Verdun und viele andere. Als die Deutschen Fort Douaumont eroberten, hielten sie in der Kapelle einen Dankgottesdienst ab. Als die Franzosen das Fort zurückeroberten, hielten sie in der gleichen Kapelle einen Dankgottesdienst ab. Beiden dankten dem gleichen Gott. Das fiel mir auf. Dazu erzählte mir Vater von den Kriegserlebnissen seines Vaters, etwa wie sich Inder nachts an die Wachen in den Schützengräben lautlos anschlichen, und am Morgen fand man die Soldaten mit durchschnittener Kehle. Und zuletzt war alles umsonst, der Krieg verloren, die meisten Menschen arm, das Land gedemütigt am Boden.

Dann und wann durchforstete ich heimlich Vaters Bibliothek in seinem großen Bücherschrank. War mir alles langweilig, nur Eichendorffs Glücksritter nahm ich heraus, konnte es jedoch nicht verstehen, keine erwartete Ritterabenteuergeschichte, ich war zu jung. Mit siebzehn las ich dann den ganzen Eichendorff, liebe ihn noch heute, am meisten seine Lyrik, die man ja auch singen kann. (»Es schienen so golden die Sterne« etwa, mein Lieblingslied.) Was ich jedoch auch fand: einen ganzen Roman von Emil Dellers, maschinengeschrieben, Südseeabenteuer, im Karl-May-Stil, für mich erstaunlich, lesenswert. Der ist stillschweigend verschwunden. 1933 änderte sich vieles. Mein Vater hatte einen teuren starken Radioapparat gekauft und hörte sich die Wahl Hitlers an. Dann verwarf er die Hände, tobte, brüllte: das ist der Untergang Deutschlands, das bedeutet Krieg, Unrecht, Verfolgung, das ist das Ende.

Ich war erstaunt, aber auch erfreut: es gab also jemanden, der stärker als mein Vater war, deshalb tobte er, wie ich tobte, wenn er stärker als ich war. Und ich hörte: es gibt Krieg, und darauf freute ich mich - fünf Jahre alt - da läuft was. Schließlich waren ja die bunten Soldaten zu etwas nütze.

Auf Mittelwelle konnte Vater nun den Sender Beromünster erreichen und propagandalose Berichterstattung hören. Er abonnierte zunächst den »Pester Lloyd«, eine deutschsprachige ungarische Zeitung, nur wurde die mit der Zeit auch faschistisch. Dann kam »Die Tat«, eine schweizerische Zeitung der neuen Partei »Landesring der Unabhängigen«. So konnte er sich geistig wappnen zu mindestens innerem Widerstand.

Mein Vater war katholisch, nahm eifrig teil, wohl eher aus geselligen, denn aus religiösen Gründen, sang im Kirchenchor »Unserer Lieben Frau«, spielte Theater, inszenierte Theater- und Kabarettaufführungen im Geismannssaal neben dem Stadttheater. Manchmal durfte ich bei Nachmittagsproben zuschauen, was mich überaus erfreute und meine Liebe zum Theater förderte.

**Familienleben**

Samstag war Arbeitstag für Vater und Sohn im Garten, aber auch Spieltag für die beiden zusammen.

Sonntag war immer ein Glückstag. Bei schönem Wetter gingen wir aus, jeder der vier Mitglieder durfte einmal alle vier Wochen »behaupten«, d.h. sagen, was wir gemeinsam tun wollten. Vater wünschte immer einen Ausflug mit der Straßenbahn oder dem Zirndoferla in einen Wald, und das war auch mein Wunsch. Die sandigen Kiefernwälder um Fürth und Nürnberg waren wegen ihrer Dunkelheit für mich verwunschen, Mutter riet uns, die Waldesluft tief einzuatmen, Vater sang mit uns Lieder, in die auch Mutter einstimmte. Den Schmausenbuck erklommen wir, bevor der Tiergarten

Familienbild, Schmausenbuck 1936

ihn einnahm, zauberhaft war für mich der Name Zerzabelshof, mit einem Omnibus fuhren wir nach Eibach, um zu baden, gegen Westen stiegen wir zur Alten Veste hinan, bis zuoberst auf den Turm, der gerade noch die Wipfel überragte. (Nach dem Krieg lag er, tadellos gesprengt, in seiner ganzen Länge unzerstört auf dem Boden.) Zirndorf, Cadolzburg sind mir in Erinnerung, vor allem die alte Burg. Manchmal besuchten wir meine Patenfamilie in Burgfarrnbach. Der Pate war Organist gewesen, verlor als Schreiner einen Finger, konnte jedoch mit neun Fingern genauso gut spielen, aber die nachrückende Konkurrenz vertrieb ihn. So spielte er in einer neuen Billigwohnung auf einem Harmonium, den Hochzeitsmarsch von Chopin etwa. Da man aber durch die einfachen Backsteinwände jeden Ton durchhörte, wurde ihm das Spielen verboten und er verkaufte das Harmonium, was ich ungeheuer traurig fand. Die Frauen besuchten die Frühmesse, kochten ihre Klöße mit Schweinebraten, derweil die Männer das Hochamt über sich ergehen ließen und nachher zusammen ein Seidel tranken. Die Söhne nippten daran.

Nachmittags spazierten wir zum »Felsenkeller«, wo die Erwachsenen sich bei Bier und Stadtwurst auf Holztischen unterhielten, die Kinder nebendran unter den Waldbäumen spielten.

Mutter wünschte sich immer eine »Dampferfahrt« nach Kronach mit dem berühmten, jeweils überfüllten »Schlagrahmdampfer«, manchmal trotteten wir auch zu Fuß auf dem Treidelpfad den Kanal entlang zum Weigel. Dort saßen lauter fröhliche Menschen an langen Holztischen auf rohen Holzbänken, aßen Zwetschgenkuchen und vor allem Schlagrahm, Eine Riesenportion reiner süßer Schlagrahm war für fünf

Pfennige zu haben, und das war die Kindernahrung. Nach der Rückfahrt nach Doos watschelten wir noch eine Viertelstunde zum Espan zurück. Mutters Sonntag.

Meine Schwester schloss sich meistens dem Vorschlag des Vaters an, sodass er zwei Stimmen verbuchen konnte. Bei Unentschieden gab Vater den Stichentscheid.

Einmal hörte ich an einem frühen Sonntagmorgen noch im Bett den Zug nach Forchheim. Dieses Rollen war nur bei starkem warmem Westwind zu vernehmen, und das bedeutete Regen. Wir wollten auf den Schmausenbuck, der Himmel war blau, ich hoffte, sagte nichts.

Wir kamen in den Wald, fanden eine Bank, Mama öffnete den Schwarzblecheimer, einst mit Schwarzwaldhonig gefüllt, vom Vater im Rucksack getragen, da lagen obenauf kalte panierte Kalbschnitzel, darunter Kartoffelsalat. Wir taten uns gütlich, und dann fing der Regen an, es goss wie aus Kübeln, wir spannten die mitgebrachten zwei Schirme auf, es war herrlich. Ich hatte es gewusst! Und immer, wenn ich den Zug nach Forchheim rollen hörte, wusste ich profetisch: es wird regnen.

An vielen Wegkreuzungen waren Milchhäuschen aus dem Boden geschossen, ganz im Sinn von Mama, da tranken Mutter und Kinder Milch und aßen Schokoladewaffeln dazu, Vater überließ das den Schwachen, wartete lieber auf Stadtwurst und Maß in einer Gartenwirtschaft.

An regnerischen Sonntagen kehrten wir in einem der vielen Wirtshäuser in Nürnberg ein, es roch nach altem Holz, das

Mittagessen war fränkisch und billig. Der Krieg hat mit dieser armen Altstadt aufgeräumt.

An einem Sonntagnachmittag besuchten wir eine Nachmittagsvorstellung im Apollotheater, einem Variété. Das war unvergesslich lustig. Meine Schwester und ich spielten noch lange einzelne Szenen nach.

Im Winter erfreuten wir uns vor dem Herdfeuer an Familienspielen auf dem Küchentisch. Da mein Vater für Nürnberger Spielzeugfirmen Texte in alle europäischen Sprachen übersetzte, bekamen wir zu Weihnachten immer die neuesten Spiele. Die Auswahl war riesig. Mein Lieblingsspiel hieß »Ratefix«. Auf einer Scheibe war ein Buchstabe zu erdrehen, dann wurde auf der mehrsprachigen Karte eine Frage gelesen, z.b. berühmter Komponist, Stadt in Italien, Getränk usw., da war ich stets der Schnellste und sammelte am meisten Karten. Das Gegenstück hieß »Lache nicht zu früh«, ein von »Mensch, ärgere dich nicht« her vereinfachtes Würfelspiel, das kaum etwas zu denken gab, der Zufall entschied. Da waren auch Halma, Hütchenspiel, Mühle, die gesamte Auswahl.

Oft kamen aber auch Freunde der Eltern, dann spielten wir zwei Geschwister unter uns. Draußen war Sonntag, da war Spielen verboten. Nur im Sommergarten konnten wir uns, vor allem im Sandhaufen, bewegen.

Urlaub ging jeweils nach Bühl am Rand des Schwarzwalds zu Großmutter und Tanten und ihren Kindern, auch in Bühlertal wohnten Verwandte. Der Schwarzwald bot Burgen - »Windeck«, »I-Burg«, Pfifferlinge und Waldesluft. Immer

Gesang unter Tannen. Auf einer Wanderung trat uns plötzlich ein Soldat mit umgehängtem Gewehr entgegen und rief: »Halt! Sperrgebiet!« Vater erklärte uns nachher: hier wird eine Festungslinie für den kommenden Krieg gegen Frankreich gebaut. Heimlich.

In Bühl nahm mich mein Vetter Hans - er war sechzehn, ich acht - auf der Stange seines Fahrrades mit und liebte es, auf holprigen Pfaden umherzusausen, sodass ich mehr hüpfte als saß. In ein abgelegenes Bretterbudenkino schmuggelte er mich hinein, wo die jungen Paare knutschten, während Revolverfilme liefen, ich verstand nichts, war aber beglückt, an einem verruchten Ort zu verweilen, geführt und beschützt von meinem starken Vetter Hans. Nachher spendierte er mir ein Eis: Höhepunkt des Vergnügens.

Hans war kurze Zeit später zehn Jahre Soldat: zwei Jahre in Berlin Ausbildung zum Tankfahrer, sechs Jahre Krieg, zwei Jahre Gefangenschaft. Stolz zeigte er mir nach Jahren sein Album aus Libyen, wo er Erwin Rommels Privatfahrer war, wenn der Wüstenfuchs mit dem Motorrad durch den Sand preschen wollte. Er hat alles unverletzt überstanden, ließ sich in Leonberg nieder, arbeitete als Mechaniker für Mercedes.

Früher waren wir auch nach Bremen zu den Albers gefahren, auch einmal auf einen Bauernhof in der Fränkischen Schweiz.

Vor kurzem gelangte ich auf einer Autofahrt nach Bretten und erinnerte mich: wir saßen im Zug von Nürnberg nach Stuttgart, etwa 1936, in Bretten hieß es: alles aussteigen, dieser Zug ist vom Heer beschlagnahmt, Manöver. Viele Reisende fluchten leise, andere freuten sich: Unser Heer ist wieder da, wir schlagen die Franzosen. Nach etwa zwei Stunden in der

Marta,
Mutter,
Walter
1933

Julihitze dampfte ein alter Viertklasswagenzug aus dem Museum daher, aber deswegen weiß ich jetzt, was ein Viertklasswagen bedeutet: zwei Bretter waagrecht, zwei senkrecht, das ist die Sitzbank, Federung unbekannt. So rumpelten wir bis Stuttgart und warteten dort, bis ein Schnellzug nach Karlsruhe erschien, und von dort im Personenzug nach Bühl. Aber wir kamen an. So habe ich die alte rote hölzerne Bahnhofshalle von Stuttgart in Erinnerung.

Wenn wir in Nürnberg in den D-Zug einstiegen, packte meine Mutter sofort eine riesige Tasche mit allerlei Lebensmitteln aus und aß ununterbrochen, weil sie ihre Aufregung dämpfen musste. »Ich bin schwach und muss ebbes esse.« Dieser schwäbische Satz war eine Lebensregel. Einmal stellte sie aus Versehen die Butter in einer Schale an die Sonne, ich merkte es und sah physikalisch interessiert zu, wie die Butter langsam schmolz und in einen flüssigen Aggregatzustand wechselte.

An Geburtstagsfeiern kann ich mich nicht erinnern, gefeiert wurde sicher. Sonst war »Bulzamärtl« am 11. November mit ausgehöhlten, von innen beleuchteten Rüben, und der Märtl erschien, als Bischof verkleidet, und sprach Verse. Einer ist mir im Gedächtnis geblieben. »Der Walter ist eine ganz böse Nummer, Macht seinen Eltern großen Kummer.«
Ich dachte, das stimmt überhaupt nicht, ich liebe meine Eltern und mache nie Kummer, höchstens stelle ich etwas an, was mich, aber nicht sie, freut. Sie verstehn mich halt nicht. Aber dieser Fremde, der den Märtl spielt, was geht das den an? Da hatte ich eine Wut. Deswegen weiß ichs noch.

Am Silvester wurde dem letzten, der aufstand, mit Kohle die Nasenspitze schwarz betupft. Er ging aber stolz damit umher.

Am 1. April zeigte jemand in eine Richtung: schau mal, diese riesige Spinne! Wer hinschaute, bekam zu hören: »Aprilochs, host higlotzt!« Und der gabs später zurück, was meistens gelang.

Weihnachten war das schönste Fest. An Heiligabend gabs Gänseklein, woraus das beste immer das Herz war, das gerechterweise jedes Jahr ein anderer zugeteilt bekam. Ich musste also vier Jahre aufs nächste Herz warten. Am Weihnachtstag gabs gefüllte Gans. Nachher war das Atmen schwer, aber man ertrugs. Die Gans übrigens kaufte meine Mutter auf dem Gänsemarkt, was auch der Obstmarkt war, heute eine Omnibuswende. Die Gans wurde lebend ausgewählt, mit einem Schlag auf den Kopf zum Essen bestimmt, und zuhause sengte Mutter die Federnstummel ab, und das war ein penetranter Weihnachtsgeruch, durch den hindurch wir zum Schlaraffenland mussten. In den Wochen vorher herrschte ein angenehmer Duft. Plätzchen wurden gebacken, Elisenlebkuchen auf großen Blechen zum Zellhöfer getragen, Dresdner Stollen angerührt.

Rechtzeitig kaufte Vater den Christbaum, möglichst hoch, so dass sich die Spitze an der Zimmerdecke umbog. Am 24. Dezember wurde er ausführlich geschmückt, mit allerlei alten Wachsfigürchen und neueren Weihnachtskugeln. Herrlich waren die Lamettawürfe auf die grünen Zweige, solange, bis sie sich unter der silbernen Last bogen. Unzählige Kerzenhalter klemmten sich dazwischen. Einmal neigte sich der Baum gegen uns, doch Vater fing ihn auf und steckte ihn wieder fest in den etwas zu kleinen Ständer. Mit Kerzenlicht las Vater aus einer riesigen Bibel die Weihnachtsgeschichte vor, nachdem an den vorausgegangenen vier Adventssonntagen die vier Jahrtausende der jüdischen Geschichte bis zur Erscheinung des Erlösers bedacht worden waren. »Zuerst die Andacht, dann die Bescherung,« hörten wir. Wir Kinder mussten jetzt im Gang warten, dann klingelte das Glöckchen des Christkindes, das angeblich die Geschenke gebracht hatte., und wir stürmten in das Weihnachtszimmer. Da lag ein riesiger Haufen unter einer Decke, und das Auspacken und Oh und Ah nahmen kein Ende.

Am nächsten Tag spielten wir häufig mit einem wunderbaren Geschenk, das wir auch das Jahr durch heiß liebten: die weiträumige Puppenküche und die beiden Zimmer, zum Wohnen und zum Schlafen. Ein ganzes Haus mit drei Räumen stand uns zur Verfügung. Am häufigsten »kochten« wir in der Puppenküche, rieben Schokolade, rührten sie mit Milch an und schlürften den süßen Brei aus winzigen Porzellantassen.

Vor dem Essen wurde gebetet, wie es Mama in ihrer evangelischen Kindheit gelernt hatte: wir falteten die Hände, blickten zu Boden, sprachen: »Komm, Herr Jesus, sei unser Gast und segne, was du uns bescheret hast. Amen.«

Manchmal schickten die Verwandten aus Bühl und Bremen ein Stück ihrer gefüllten Gans, und Mutter tat desgleichen, manchmal kam ein Stück Truthahn von den Verwandten in Milwaukee, Chicago und New York.

Und eine niederländische Firma schickte meinem Vater zum Dank für seine Übersetzungen ins Hochdeutsche ein Paket mit Fischkonserven und gesalzener Butter. Letztere hat es mir angetan, ich habe sie erst wieder in England kennengelernt.

**Kinderspiele**

Da in dieser neuen Siedlung viele junge Familien wohnten, hüpften reichlich kleine Kinder auf der Straße umher. Es gab eine natürliche Ordnung, halb monarchisch, halb demokratisch. Der die Spiele leitete - ich - schlug vor, nahm auch Vorschläge an, teilte ein, hatte unbestrittene Autorität, nur ein paar männliche gleichaltrige Außenseiter hielten sich abseits und schauten scheel. Ließ ich sie mitleidsvoll mitspielen, verhielten sie sich unfügsam, sodass alle froh waren, wenn ich die Abseitigen wieder ins Abseits schickte.

Wir spielten, wie alle Kinder, zunächst, was wir erlebten und sahen. Also Familie. Vater autoritär, Mutter in Küche und mit den Kindern, die Kinder der Mädchen waren die Zwei-, Dreijährigen und die Puppen in ihren Wagen. Die Jungens waren immer bewaffnet, mit Spielzeugpistolen, Gewehren, Pfeil und Bogen, mindestens Stecken. Die Mädchen buken Sandkuchen, ernährten ihre Säuglinge, während die Jungens Abenteuer bestanden, Scheinkämpfe ausfochten, auch reifenschlagend durch die Straße tollten. Das wurde besser möglich, als 1934 die Naturstraße geteert wurde. Einen Randstein gibt es bis heute nicht, das war angenehm, keine Stolperstürze. Ich bekam von meinen Eltern, was ich wünschte, also einen Holzreifen und einen eigenen Schlagstock aus der Ehape, während Ärmere einen verbeulten Fahrradreifen mit einem Aststück schlugen. Aber das war viel schöner: das Metall gab einen Klang. Däng, däng, däng hämmerte es von der Wiesenstraße bis zum Kavierlein. So war jeder zufrieden.

Zur Abwechslung sausten wir manchmal mit dem Gestell des alten Kinderwagens die Straße auf und ab. Einer schob, der andere fuhr. Die großen Eisenräder, die langsam ihren Vollgummibelag verloren, machten einen Höllenlärm, und der erfreute uns.

Wir spielten auch Schule: wir waren frech zum Lehrer, der erteilte ungeheure Strafen, die nicht erfüllt wurden, ein befreiendes Gelächter machte uns fröhlich.

Marta und Walter, Stadtgraben Nürnberg 1933

Ein neues Spiel war Hitlerlas: da standen die Anhänger in Reih und Glied, der Anführer reckte den Arm und brüllte etwas Unverständliches, die Untertanen brüllten zurück: Drei Liita, und das war ungeheuer lustig, wir bekamen nicht genug davon. 1935 wurde den Kindern im ganzen Reich verboten, Hitlerlas zu spielen. Diktaturen sind humorlos, vertragen kein Lachen.

Die Eltern warnten uns. Zunächst spielten ein paar Verwegene, abends hinter den Ligusterhecken versteckt, Drei Liita, aber weil kein Publikum da war, verlor das Spiel seinen Reiz.

Im Frühling gruben wir kleine Löcher, um mit Schussern zu spielen. Die waren normalerweise aus Ton, also braun, aber manche hatten schon bunte aus Glas, und ich gewann einmal eine schwere »silberne« Kugel aus Stahl, die stammte wohl aus einem Kugellager. Mit der war zu gewinnen. Wenn einer keine Schussern mehr hatte, gab man ihm wohlwollend eine Handvoll aus der Hosentasche, die Mädchen aus der Schürzentasche, man wollte ja spielen.

Laufspiele gab es eine ganze Menge, zuerst Abzählverse, auch eine ganze Menge (»Ich und du, Müllers Kuh, Müllers Esel, das bist du« und viele andere). Versteckens, Fangens, Räuber und Schendarm zb. Mittelpunkt und Anschlagstelle war der alte Gaslaternenpfahl vor Georgenstraße 7, auch von der Kriegerheimstraße her leicht zu erreichen.

Eine Eigenheit war der Walta im Sommer: da meine Mutter mich stets um sechs Uhr ins Bett schickte, um mit Vater einen ruhigen Abend zu genießen, und nicht merkte, dass ich nicht mehr drei Jahre alt war, sondern quicklebendig bei hellem Sonnenschein, kletterte ich im kurzen Nachthemd aus dem

Fenster und spielte eifrig mit, bis die letzten um halb neun zurückgerufen wurden. Kinder nehmen alles an, wie es ist, reflektieren nicht, Walta raste abends halt im Hemd umher, das war so. Muss ein lustiger Anblick gewesen sein, aber niemand beachtete, was Kinder unternahmen. Verschwitzt und schwarzfüßig kletterte ich als letzter wieder in mein Zimmer, sprang ins Bett und schlief befriedigt.

Eine lustige Sitte herrschte eine Zeitlang unter uns Jungens: wir klingelten da und dort und erbaten uns eine Wegzehrung. Mit der Zeit wussten wir, wo man von einer kinderfreundlichen Frau - die Frauen waren selbstverständlich alle daheim mit der Hausarbeit beschäftigt - etwas, und was, erhielt. Da gabs ein Fettbrot, da einen Apfel, da ein Stück Schokolade, da ein Bommbomm, da ein Stück Kuchen.

Ballspiele sonder Zahl waren wichtig. War ich allein, so warf ich einen kleinen Ball gegen den Mauerabsatz an der Hauswand im Hof, der zurücksprang, wenn er geschickt geworfen wurde. Ein vergnügliches, selbstgefälliges Alleinspiel. Bei einem anderen zeichneten wir Segmente in einen Kreis, ein Kind stand in der Mitte, warf den Ball hoch, rief ein Land. Die andern standen mit einem Bein innerhalb des Kreises in ihrem Segment, rannten nach dem Ruf weg, nur der Angerufene musste den Ball auffangen und konnte einen Weggelaufenen treffen. Jeder wählte ein Land, zb Italien, Spanien, Polen. Ich jedoch war Vertreter des Heiligen Römischen Reiches Deutscher Nation, niemand war beeindruckt, man nahms zur Kenntnis, da der Name zu lang war, rief der Werfende einfach Heil, und das war uns ja bekannt.

Alle Kinder sprachen Fädderisch, es sei denn, sie kamen als Verwandte in den Ferien hierher. So erinnere ich mich an ein Mädchen aus dem Rheinland, das Kopp sagte, was wir lustig fanden. Auch aus Sachsen erschien jemand, war eine weiche beliebte Sprache. Sachsenwitze bezeichneten ja leicht unwissende Menschen.

Marta und Walter 1932

Einmal kam ich, pausbäckig und erhitzt, vom Rodeln zurück. Da war meine kleine Schwester, bleich und dünn, von einem Aufenthalt in einem Kinderheim bei Füssen heimgekehrt, ich machte wohl eine Bemerkung, die ihr nicht gefiel, sie sagte empört mit einem dünnen Fistelstimmchen: »Ich melde es Mutti!« Ich war perplex über dieses preußische Hochdeutsch, über melde, über Mutti, wir hätten sage und Mama verwendet, und prustete los. Aber »Mutti« griff ein und schalt mich einen groben Kerl. Fortan verwendete ich den Mutti-Satz, um die arme Marta zu ärgern, wenn wir stritten. Das war nicht oft, aber manchmal halt nötig, wie das unter Kindern so ist. Später, im Exil, brauchten wir einander, hielten zusammen, lieben uns noch heute, besuchen uns häufig, sie in Berlin, ich in Basel.

Ein Ereignis hat mich lange beschäftigt: beim Sonntagsfrühstück saßen Marta und ich einander gegenüber, am Fenster der Vater, gegen den Herd die Mutter. Der Tisch war schön und reichhaltig gedeckt, ich sehe plötzlich, wie sich Martas Gesicht verändert, einen angespannten Ausdruck annimmt, sie hebt langsam ihre Tasse mit Malzkaffee hoch, dreht sie sachte um, der Kaffee platscht über das ganze Frühstück, Vater brüllt, Mutter japst, Marta heult, ich äuge. Marta wird vom Tisch gejagt, Vater läuft ihr nach, Mutter hinterher, ich sitze allein und esse nachdenklich ungestört weiter. Der Sonntag ist im Eimer. Erst im Erwachsenenalter getraue ich mich, Marta zu fragen, was sie denn damals bezweckt hatte. Sie wusste es noch ganz genau: sie hatte gehört, dass Kaffee aus der Tasse gleitet, wenn man sie umdreht. Das kam ihr in den Sinn, sie wollte es nachprüfen, es stimmte. Also ein physikalisches Experiment. Die Eltern haben das nicht verstanden, taxierten den Vorfall als Frechheit. Völlig daneben gedacht.

Kam ein Gast, schlief ich im Herrenzimmer. Die Türe ins Schlafzimmer, wo Marta lag, stand offen. Ich erzählte ihr Geschichten, spannende oder lustige, musste wegen der Entfernung laut reden. Vater streckte seinen Kopf herein und rief: »Seid still und schlaft!« Dann prustete Marta los: »Du seist still!« Ich zurück: »Nein, du seist still!« Der falsche Imperativ gefiel uns so sehr, dass wir ihn andauernd wiederholten und lachen mussten. Deswegen habe ich ihn und unsere Freude daran nicht vergessen.

Marta rief mich einmal um Hilfe: sie hätte geträumt, ein

Pferd hätte seinen Kopf durchs Fenster hereingestreckt und die Zähne gebleckt, sie hätte schreckliche Angst gehabt. Ich erklärte ihr, der Rolladen sei ja geschlossen, deshalb könne das Pferd seinen Kopf gar nicht hereinstrecken. Marta sah das ein und träumte das nie mehr. Die Logik hatte über die Angst gesiegt.

Holte ich meinen Freund Georg ab, klingelte ich: Sgott, Frau W., is der Gärch do? - Der hasst net Gärch, der hasst Geo. - Is der Geo do? - Serm Gärch. Unter uns bliebs beim Gärch. Serm war unsere Grußformel, abgeleitet von Servus. Kinder leben in einer eigenen Welt, von der die Erwachsenen wenig wissen, obschon sie ja auch einmal jung waren.

An ein schlimmes Ereignis erinnere ich mich: ich brachte meinen Freund Rudolf um, wenigstens glaubte ichs. Das kam so: es war Fasching, alle Kinder liefen mehr oder weniger kostümiert umher. Ich trug nur eine billige Ehape-Negerlarve, hatte eine Wut auf meine Mutter, dass mein Wunsch nach Indianer oder Cowboy nicht erfüllt war. Rudolf war schick als Cowboy verkleidet und lachte mich andauernd aus. Ich warnte ihn: hör auf, oder ich hau dich um. Er hörte natürlich nicht auf, ich nahm meinen Roller, schwang ihn im Kreis und traf Rudolf am Kopf. Er fiel um, war kreidebleich, rührte sich nicht. Ich wusste: er ist tot. Ganz ruhig ging ich zu Mama hinein, sagte: ich habe Rudolf umgebracht, schon kam seine Mutter schreiend gelaufen, draußen standen alle neugierig um den bleich Daliegenden. Plötzlich erhob er sich und trollte sich leicht schwankend in seine Wohnung. Ich war froh. Wir redeten nie darüber, kamen aber am nächsten Tag wieder gut miteinander aus.

Mit Rudolf hatte ich ein anderes, ein wunderbares Erlebnis: mit zehn Jahren bekamen wir jeder vom Vater zu Ostern ein Fahrrad geschenkt, und das benützten wir eifrig, um die Gegend zu erkunden: Poppenreuth, Höfles, Ronhof, Buch, Kraftshof, Neunhof und so weiter.

Einmal fuhren wir eine Kirchhofsmauer entlang, ich voraus, mit Schwung auf die gepflasterte Hauptstraße, dong hörte ich und stieg in den Himmel auf und der war blau und die Welt war weit, ich sah Wälder, Felder, Dörfer, und wusste: ich fliege, ich fliege, immer höher hinauf, als ob ich immer noch auf dem Rad säße, was für ein Himmelsgefühl - dann nahm die Geschwindigkeit ab, ich stieg langsamer, stand einen Augenblick still, sank sachte abwärts, immer schneller, es nahm mich wunder, wo ich wohl landen würde, platschte in den Straßengaben neben der Chaussée, der war nass und weich, da saß ich: sanft gelandet. Ich hörte einen Mann auf Rudolf schimpfen, der blieb still, dann das Geräusch eines wegfahrenden Motorrades. Jetzt stieg ich aus dem Graben, ziemlich bespritzt, Rudolf sah mich: wo warst du denn? Ich: wo ist denn mein Rad? Wir fanden es weit weg auf einem Feld, das Hinterrad leicht verbeult, wir legten das auf Rudolfs Gepäckträger und trotteten heimwärts. Der Motorradfahrer hatte nur einen Jungen gesehen, und dem war nichts geschehen, also fuhr er weiter. Ein Glück. Aber dieses Erlebnis: einmal frei fliegen, ein Traum wird wahr, ich träume ihn immer noch, nicht wiederholbar. Ein irdisches Nachspiel: ich bekam kein Taschengeld in bar, nur dann und wann erhielt ich einen Pfennig für geleistete Schwerarbeit und steckte den unter Aufsicht in den Schlitz einer Fürther Sparkassenbüchse, und das wars. Nun brauchte ich für die Reparatur dreißig Pfennige, so viel verlangte Herr Ries an der Kriegerheimstraße, er drehte an den Speichen und das Rad war wieder perfekt. Der Vater durfte das ja nicht erfahren, sonst hätte er mir das Radfahren verboten. Also stemmte ich die Büchse mit einem Meißel auf und hob den Kupferschatz, es war ja mein sauer verdientes Vermögen. Das allerdings bemerkte der Vater und verhörte mich im Beisein der Mutter: Was hast du mit dem Geld gemacht? Ein Eis gegessen. Nun kostete eine Kugel fünf Pfennige, so waren das sechs Kugeln, welche Verschwendung! Zur Strafe erhielt ich nie mehr irgend ein Taschengeld. Aber ich hatte mein Rad. Und ich war frei in den Himmel geflogen. Niemand hat das fertig gebracht, samt sanfter Landung. Lilienthal war abgestürzt! Ich nicht!

Der Winter, damals schnee- und frostreich, brachte andere Freuden. Der Kanal fror zu, außer unter den Brücken, wo es heruntertropfte, das war die Gefahrenstelle, der man möglichst nahe kam, nämlich beim Schlittschuhfahren. Die schraubte man an die Stiefel, und los gings. Mama kam mit mir, hielt mich an der Hand und ich guckte den andern ab, wie man fährt. Es ging sosolala. Weil der Kanal ja schmal war, herrschte ziemliches Gedränge. Viel mehr Platz fanden wir auf den Pegnitzwiesen. Die waren jeden Herbst nach Regenfällen in der Fränkischen Schweiz überschwemmt und froren dann im November/Dezember zu. Hier und da ragten Gräser und Stauden aus dem Eis, aber mit der Zeit entstanden breite Flächen und da konnten wir im Kreis oder gradaus sausen. Allerdings blieb man zuweilen an dickeren Pflanzen hängen und fiel längelang hin, was schmerzhafte Beulen ergab. Einmal kam rückwärts ein ungeheuer dickes männliches Hinterteil auf mich zu, warf mich um und platschte sich auf meinen Kopf. Ich muss einen Augenblick bewusstlos gewesen sein, fand mich von einem Auflauf umringt, die Leute schimpften auf den Hinterteiler, ich erhob mich, hatte Kopfweh und trollte mich heulend nachhause, wie weiland der arme Rudolf. Ausgleichende Gerechtigkeit. Im Prater an der Erlanger Straße konnte man auch eislaufen, aber das kostete zehn Pfennig Eintritt, also gingen wir nur hin, wenn die anderen Eisflächen tauten.

Herrlich war das Schlittenfahren in den Hügeln neben dem Kanal gegen Doos hin. »Bahn frei!« riefen wir, wenn wir sitzend oder liegend die kurzen, steilen Abhänge hinuntersausten. Der ständige Kälterotz aus der Nase wurde am Jacken- oder Pulloverärmel abgewischt, zum Schnäuzen war keine Zeit. In der Schule lasen wir von den Sieben Schwaben, und einer war Spiegel, der auch einen solchen Ärmel benutzte. Also hatten wir Jungen ein literarisches Vorbild.

Marta vor Gymnasium und Feuerwehr 1933

Die Kinderkrankheiten durchliefen wir wie die Schule, schön der Reihe nach: Röteln, Masern, Keuchhusten, Mumps, Scharlach. Nur Diphterie und Kinderlähmung verschonten uns.

Meine Schwester bekam Scharlach im Winter 1935/36, sie musste gesetzlich, wegen Ansteckungsgefahr für Geschwister, ins Krankenhaus an der unteren Theresienstraße. Ich durfte sie nicht besuchen, nur meine Mutter. Einmal winkte sie mit dünnem Ärmchen von einem Balkon mir zu, als ich unten auf der Straße stand. Das hatte ich vergessen, doch an einer der ausgezeichneten Stadtführungen von Frau und Herrn Ohm in den achtziger Jahren sah ich das dünne Ärmchen plötzlich wieder winken. Ein Ort kann Erinnerungen beleben.

Natürlich brachte Mama die Krankheit zu mir, dagegen war ich nicht gefeit. Am Sonntag, 24. März 1936, fuhr ich allein und stolz Rollschuh auf der Georgenstraße, fand mich großartig, der Tag war kalt und grau, ich fuhr stundenlang unermüdlich vom Kavierlein zur Wiesenstraße und zurück, plötzlich fühlte ich mich müde, ging hinein, da packte mich der Schüttelfrost, ich sank irgendwie ins Bett, von den folgenden sechs Wochen weiß ich bloß noch von Fieberträumen. Einer erschien immer wieder, in der Kindheit als Fiebertraum, später als Albtraum: weit weg leuchtet ein weißer Lichtpunkt, dort will, muss ich hin, denn dort ist alles gut. Aber je mehr ich eile, sause, fliege, desto weiter entfernt sich der Lichtpunkt, bleibt unerreichbar. Ich erwachte schreiend, fand mich auf dem Bett stehend, meine Mutter wusch mich kalt ab, ich beruhigte mich, vergaß aber das Lichtziel nicht. Nach sechs Wochen - sie sind aus dem Gedächtnis entschwunden - stand ich wieder auf dem Bett, schwach, aber erfreut: durchs offene Fenster erblickte ich einen grünen Mainachmittag, sonnig, die Kinder spielten auf der Straße, die Vögel zwitscherten: ein Wunder! Bass erstaunt war ich über den plötzlichen Wechsel vom kalten, grauen März zum warmen, lebendigen Mai. Dieses Frühlingsglücksgefühl habe ich in mir bewahrt, es wirkt heute noch, in meinem neunzigsten Jahr.

In die Ferne reisen war ein starker Wunsch. Das fing vor dem Haus an: fünf Zementplattenreihen führten vom Gehweg zu den Eingangsstufen. Das waren Bahnen, auf denens wir mit dem Dreirad hin und her fuhren und Eisenbahngeräusche nachahmten. Sie regten auch zu Hüpfspielen an, etwa Himmel und Hölle, der Himmel gegen das Haus, die Hölle gegen die Straße.

In den Sandhaufen im Garten bauten wir den Dampfer »Deutschland«, vorne zugespitzt, mit einer Schwarz-Weiß-Rot-Fahne (Hakenkreuz erlaubte Vater nicht), dahinter stand ich, der Kapitän, dann folgten die Männer, in der Mitte saßen die Mütter mit ihren Kindern auf Sitzbänken, hinten buken sie Sandkuchen und gaben den Männern zu essen, wenn sie von ihren Abenteuererkundungen auf Südseeinseln zurückkehrten. Wir fuhren auf allen Weltmeeren, Heimathafen war Bremen, das ich ein bisschen kannte, das Horn von Afrika umschifften wir, durchfuhren den Indischen Ozean, an Holländisch-Indien vorüber zu den tausenden, zum Teil unerforschten deutschen Inseln im Stillen Ozean. So konnte ich meine angelesenen Kenntnisse in Erklärungen und Landausflügen anwenden. Das war für alle spannend.

Voraus ging meine erste Weltreise allein. Ich war acht Jahre alt, fand gelegentlich eine Münze auf dem Küchenboden, half ein bisschen aus Mamas Portemonnaie nach, erwischte auch einmal ein Fünfmarkstück unter dem Küchenbuffet, wurde kühner und fischte eines aus dem Geldbeutel, das fiel jedoch Mama auf, sie bat mich, unter dem Buffet nachzusehen, ich dachte, jetzt ist es Zeit, die Reise zu wagen. Vierzig Reichsmark hatte ich in einem Säckchen zusammen, das fand ich reichlich. Eine Gelegenheit bot sich, als ich im Herbst an einem Samstagnachmittag von vier bis sechs Uhr einen Schneewittchenfilm, wohl an der Mathildenstraße, ansehen durfte, der mich schwer enttäuschte, Schneewittchen war eine alte Frau. Da packte mich die Abenteuerlust, ich wollte an der Haltestelle vor der Ehape an der Schwabacher Straße in die Straßenbahn Nr. 1 zum Hauptbahnhof Nürnberg einsteigen, aber die Türe war zu, der Fahrer winkte mir, ich solle auf der Straßenseite einsteigen, aber ich begriff das nicht, wandte mich wütend ab und ging zu Fuß zum Hauptbahnhof Fürth. Da kaufte ich eine Tafel Schokolade für vierzig Pfennige, ich wusste, man muss auf der Fahrt essen. Dann las ich die Emailschilder auf einer großen Tafel, schwarz auf weiß die Personenzüge, rot die Schnellzüge. Mir gefiel der Name Würzburg, das roch und schmeckte würzig. Am Schalter erfuhr ich, dass der nächste Zug erst in zwei Stunden führe. Das dauerte mir viel zu lange, also stieg ich hinüber zum Zirndorfer Bahnhöfchen und las dort die Ortsnamen. Alte Veste, Zirndorf, Cadolzburg kannte ich von Ausflügen, also wählte ich Egersdorf, einen unbekannten Ort. Zwanzig Pfennige kostete die Fahrkarte. Im Zirndorferla fragte mich der Schaffner, was ich denn in Egersdorf wolle. Meine Tante besuchen, antwortete ich schnell. Er wars zufrieden. EGERSDORF. Ich stieg aus. Kein Dorf zu sehen, nur Wald. Auf einer schnurgeraden Naturstraße stiefelte ich ein paar plaudernden Menschen im Sternenschein hinterher, aber nach einer langen Weile ermüdete ich, nur Wald und Sterne und eine ewige Straße und Geplauder - ich kehrte um, setzte mich auf eine Bank im finsteren Wartehäuschen, Zigarettenspitzen glühten gegenüber, Rauch wehte her. Im Zirndorferla kam der gleiche Schaffner, fragte wieder, ich sagte, die Tante sei nicht dagewesen, er wirds wohl kaum geglaubt haben, aber immerhin fuhr ich mit dem letzten Zug ins heimische Fürth zurück, und dann wollte er noch zwanzig Pfennige. Ich habe doch schon bezahlt - ja, aber das war für die Fahrt hin, und die Fahrt her kostet auch zwanzig Pfennige. Widerwillig zahlte ich, begriff das nicht, erinnerte mich, dass mein Vater jeweils nur eine Karte kaufte. Von Hin- und Rückfahrt auf einer Karte wusste ich nichts. Nun marschierte ich müde durch die ganze Stadt, unterwegs kam mir die mittlerweile verbogene Tafel Schokolade in den Sinn, ich verdrückte sie, wollte nicht, dass man sie auf mir findet (wegwerfen kam mir nicht in den Sinn, das gabs nicht, was essbar war, wurde gegessen). Es war zehn Uhr abends, als ich vor dem Polizeiposten an der Poppenreuther Straße meiner Mutter in die Arme lief. Sie wollte mich eben als vermisst melden. Laute Freude, Heimweg, todmüde ins Bett, sofort eingeschlafen. Am nächsten Morgen Gerichtssitzung: woher hast du das Geld? Ich hatte es in meiner Hosentasche vergessen. Die Strafe weiß ich nicht mehr, sie war sicher hoch, ich war ein Dieb, hatte gestohlen, aber ich hatte ein Abenteuer erlebt, mit Schwierigkeiten und Mühsal. Mein innerer Freund hatte mich beschützt, kein Nürnberg, kein Würzburg, ich fand den Rückweg. Und bestraft hat er mich nicht, sondern gelächelt.

Der Kinderspielplatz zwischen Widder- und Georgenstraße wies auch einen großen Sandhaufen und ein Plantschbecken für kleine Kinder auf. Aber auch größere erlustigten sich dort, ich zb mit zehn Jahren rannte fröhlich ins Wasser, glitschte aus und schlug mir die Hälfte eines Schneidezahns ab. Jeder Luftzug schmerzte, der Zahnarzt meinte, da würde Schmelz darüber wachsen, und so wars auch. Noch immer trage ich diese Narbe als Andenken an das Espan-Plantschbecken, das es längst nicht mehr gibt.

Sonst liefen wir barfuß, ein Leibchen über der Badehose, ins Freibad den Mariensteig hinunter zur Rednitz. Das Wasser floss zuerst durchs Frauen-, nachher durchs Zahlbad. Dann kams zu uns. Schlammigbraun wars überall, am linken Ufer seicht, aber in der Mitte nur für Schwimmer. Das zeigte mir niemand, also warf ich mich einfach in die Strömung und ließ mich treiben. Später kamen wir mit dem Rad, wer eins hatte, das waren wenige, schlossen es aber mit einer schweren Kette ab, denn gestohlen wurde viel. Da geriet ich in der Kurve am Grünen Markt zur Königstraße mit hohem Tempo in die Straßenbahnschiene, erhob mich samt Rad ein paar Meter, landete auf dem Gehsteig, die Leute schimpften, und fuhr rasch weiter. War stolz, dass ich so kunstvoll radfahren konnte. Ein Schulkamerad von der Erlanger Straße kam einmal ohne Leibchen gelaufen, aber da hielt ihn ein Schupo an: so nackt darfst du nicht umhergehn, kehre zurück und zieh dir was an. Man war äußerlich prüde.

Das Schuhhaus Salamander an der Schwabacher Straße stellte während der Olympiade in Berlin 1936 große Tafeln auf, geordnet nach Ländern und Disziplinen, worauf die Medaillen geklebt wurden: goldene, silberne, bronzene. Wir Schüler betrachteten und besprachen vor allem die goldenen, und davon hatte Deutschland eine ganze Menge. Das machte uns stolz. Wir hatten Weltgeltung.

In den Sommerferien bauten wir aus Leintüchern Zelte. In Rudolfs Hof stand ein riesiges, da hatte sein Vater mitgeholfen. Davor durften wir auf eine Schaukel steigen, aber nur unter Aufsicht, wie an der Kärwa, nur kostete es nichts. In meinem Hof stand ein kleineres Zelt, das hatten wir Buben selber errichtet, schief und krumm, aber es hielt. Wenn ich an einem blauen Morgen erwachte, sprang ich aus dem Bett, warf das Nachthemd weg, zog Turnhose und Leibchen an, kletterte aus dem Fenster, rannte ums Haus und verschwand im Zelt. Still wars, nur die Amseln zwitscherten. Ich hatte ein Budla dabei, etwa drei Zentimeter lang, und spielte gegen mich selber einen Dreck (gesprochen Dreeg). Sechsundsechzig, Rote As, Grün, Chinesisch. Das war eine glückliche Morgenstunde.

Mit zehn Jahren fand ich mich schön, schaute manchmal in den Spiegel, war rundum zufrieden mit mir, war auch rund anzuschauen, in der Schule hieß ich Dicker, empfand das als einen Ehrennamen, meine Mutter hatte mir ja die alte Anschauung mitgegeben: der Dicke ist gesund, satt, reich, mächtig, der Dünne ist krank, verhungert, arm, untertan. In der Klasse änderte ich meinen Übernamen ein wenig: schrieb auf meine Schiefertafel oder in mein Heft »Kaiser Dickermops«. Das wurde anerkannt, es war lustig, aber es war auch Kaiser.

Rosemarie fiel mir auf, sie spielte gern mit, war sportlich, lebendig, groß gewachsen, rothaarig. Wir tollten beide umeinander, machten einander Eindruck, mindestens glaubte ichs.

Sie war mein Schwarm. Deswegen trage ich ihr Bild in mir. Ihr Vater war ein umfangreicher SA-Mann, stolzierte häufig die Straße auf und ab, zeigte sich.
Ganz anders war Ruth. Sie wohnte in einem großen Haus an der Kriegerheimstraße, ihr Vater arbeitete tagsüber, vielleicht auf einer Bank, das weiß ich nicht genau, jedenfalls kannten sich unsere beiden Väter, ich durfte oft zur gleichaltrigen Ruth gehen, seit meinem dritten Jahr schon. Sie tollte mit mir durchs ganze Haus, denn ihre Mutter war meistens depressiv in einer Klinik, und die junge Haushälterin kümmerte sich nicht um Erziehung, bloß um Essen und Sauberkeit. So waren wir uns selbst überlassen. Ruth spielte nie mit der Kinderschar, nur allein mit mir, und das war nicht mehr so häufig. Ich zog die Gruppe vor. 1938 wurde die Kriegerheimstraße von der Georgenstraße zur Espanstraße durchgebrochen, die dazwischen liegenden Gärten wurden enteignet. Ruths Vater war mit dem tiefen Preis nicht einverstanden, erhob Einsprache, wurde über seine vaterländische Pflicht aufgeklärt, erhielt gar nichts, außer der Drohung Dachau kennenzulernen. Das hörte ich von meinem Vater. So war also der frühere Villengarten untergraben, mit dicken Hölzern abgestempt, an Wochenenden »Betreten der Baustelle verboten«, von uns beiden abenteuerlich beklettert, begangen, berochen, aufregende Moderluft umgab uns acht Meter tief im Sand, da kannte Ruth keine Angst, sie war neugierig.
Über dem Erdboden saßen wir in einem Apfelbaum, klettern liebten wir beide, jeder hatte seinen Sitz in einer Astgabel. Auf einmal rief mich Ruth zu sich, drückte mir einen Kuss auf die Lippen - das gefiel mir gar nicht, war ganz nass - und erklärte: Jetzt sind wir verlobt, jetzt musst du mich heiraten. Ich erwiderte: wir sind doch viel zu jung, um zu heiraten. -

Später, meine ich, wenn wir groß sind. - Im Stillen dachte ich: erstens heirate ich nie, denn da muss man arbeiten, kann nicht mehr spielen, und zweitens: sicher nicht dich. Wenn schon, dann wähle ich selber. - Der Kuss war aber noch nicht alles. Ein andermal, an einem Regentag, lud sie mich zu sich ein, jetzt spielen wir verheiratet, befahl sie. Du musst dich bis aufs Hemd ausziehn und dich neben mich im Ehebett auf den Rücken legen. Ich tats, nicht gerade erfreut.

Wenn man verheiratet ist und im Bett liegt, isst man Pralinen. Sie stand auf, öffnete einen Wandschrank, der war von unten bis oben voller Pralinenschachteln. Sie griff eine heraus, entnahm ihr eine Praline, steckte sie mir in den Mund, sie schmeckte wunderbar. Gut, nicht? Ja. Willst du noch eine? Ja. Sie holte eine andere Schachtel, sagte: Augen zu, schob mir eine Schokoladekugel in den Mund, ich biss zu, spuckte alles prustend aus, es schmeckte scharf und beißend. Sie lachte und lachte: das ist Schnaps. Kannst du das essen, Ruth? Ja, natürlich.

Dann standen wir wieder auf, zogen uns an und liefen durchs Haus.

Vierzig Jahre später saß ich mit einigen ehemaligen Schulkameraden zusammen, die Rede kam auf Ruth, einer kannte sie, willst du sie sehn? Er holte und brachte sie. Sie stellte sich vor mich hin, mit einem Blick ins Leere, sprach nicht, zeigte: da bin ich, nichts weiter. Ich war erschüttert, sie hatte die Krankheit ihrer Mutter geerbt, alle Lebendigkeit war aus ihr verschwunden. Mit Medikamenten hielt sie sich körperlich aufrecht. Schlimm, meinten alle.

Jedes Kind sammelt. Schussern, Steine, Münzen. Meine Münzsammlung war klein, erhielt sie von Gästen geschenkt, etwa ein kupfernes Vier-Pfennig-Stück, einen badischen Kreuzer, Aluminiumgeld aus Kriegszeiten, Inflations- Millionen-Scheine, einen englischen Penny, ein belgisches gelochtes Fünf-Centimes-Stück. Aufbewahrt wurde meine Habe in zwei Fächern im grünen Schrank. Jeden Frühling musste ich die Fächer aufräumen, war jedesmal erstaunt über die Unordnung, wo ich doch eine saubere Ordnung hergestellt hatte. Aber im Lauf des Jahres wirft man oft einfach dies und das hinein und dann bleibt es liegen. Das Problem habe ich heute noch, andere wohl auch.

Aus dem Wald brachte ich Fichtenzapfen mit, das gab ziemlichen »Dreck«.

Vor 1933 fielen Werbeblätter aus einem Flieger vom Himmel in den Garten, manchmal sausten ungeöffnete Pakete herab, nicht ungefährlich, was für ein Segen: der ganze Garten voller rosaroter oder grasgrüner Blätter und Pakete. Die sammelte ich allerdings in einer Gartenecke, durfte sie nicht ins Haus schleppen. Manchmal zog der Flieger ein Transparent an einem Seil her. Mit der neuen Ordnung hörte diese »amerikanische Primitivität« auf.

Einmal sammelte ich auf dem Schulweg Schnecken mit ihren Häuschen ein und setzte sie in eine Sandgrube. Sie lief während eines Gewitters voll und die Schnecken verteilten sich in den Gärten. Die Leute klagten über eine fürchterliche Schneckenplage in diesem Jahr. Ich hielt den Mund.

Später sammelte ich in Umschlägen Briefmarken aus der ganzen Welt. Da mein Vater überallhin Verbindungen hatte, erhielt er stets Briefe, schnitt die Marken aus und gab sie mir. Dabei lernte ich die Länder kennen, schaute auch jeweils eine der vielen Landkarten meines Vaters an.

Abzeichen gabs, wurden auch mit Schulkameraden getauscht, etwa Wappen deutscher Städte im Ausland, vom VDA (Verein für das Deutschtum im Ausland) herausgegeben.

Zahlreich waren die Serien aus Zigarettenpäckchen. Vater rauchte »Oberst«, ich sammelte auch die roten Schachteln. Die Sammlungen hießen »Der bunte Rock«, »Das waffenstarrende Ausland«, »Die deutschen Kolonien«, »Deutsche Kulturbilder«, »Bilder Deutscher Geschichte«, »Gestalten der Weltgeschichte«, »Uniformen des Heeres«, und viele andere mehr.

Wichtig war immer Theater. Meine Eltern waren im Stadttheater abonniert, Vater wirkte als Regisseur und Schauspieler im Geismannssaal. Frau Peuges, die Patin meiner Schwester, besuchte ich oft in ihrer Altbauwohnung an der Königstraße gegenüber der katholischen Kirche. Eine breite ausgetretene Treppe gings hinauf in den ersten Stock, es roch alt, Frau Peuges war alt, schwarz gekleidet, umfangreich. Ich war fünf Jahre alt, meine Schwester zwei, also noch zu klein. So kam ich in den Genuss eines magischen Tischtheaters mit Märchen. In einem bunten Rahmen schob Frau Peuges Pappdeckelfiguren hin und her, von der Seite mit Kerzen beleuchtet, die geheimnisvoll flackerten, teils erzählte sie, teils sprach sie in direkter Rede, ich war hingerissen und lebte in einer anderen Welt. Dann starb sie, blieb aber in mir unvergessen. Und ihr magisches Theater auch.

Mit sechs Jahren saß ich im Saal des Grünen Baums an der Gustavstraße und sah ein Marionettentheater auf der Bühne. Wie die Tänzer und Tänzerinnen leicht und luftig in die Höhe sprangen und schwebten, das wurde mir zum Wunschbild. Vor ein paar Jahren hielt der Geschichtsverein Fürth sein Ollapodrida-Essen im Grünen Baum ab, und da erkannte ich den Saal wieder und sah die Marionetten tanzen und die ungeheure Freude stieg wieder in mir auf, dass Menschen so leicht und luftig schweben können, in der Fantasie und, nach Dantes Paradiso, im Jenseits.

Im Stadttheater sah ich dann, schon mit Schwesterchen Marta, Märchenaufführungen. Dornröschen, Schneewittchen, Rotkäppchen, die berühmtesten Erzählungen der Brüder Grimm. Da waren wir verzaubert.

Einmal jedoch wurde in einer Nachmittagsaufführung »Mama Yetu« gegeben, ein Kolonialstück: Deutsch-Ostafrika, unbesiegt im Felde, Lettow-Vorbeck, die räuberischen Belgier reißen sich Landstriche an, die grausamen Engländer behandeln die lieben Neger als Sklaven, erschießen einen, der die Deutschen liebt, auf offener Bühne. Dieses Stück überzeugte auch meinen Vater. Wir redeten darüber. Über das Unrecht von Versailles.

Wichtiger waren jedoch unsere eigenen Aufführungen. Teils wählten wir Märchen, teils die Schule. Die wenigsten wollten spielen, denn das war harte Arbeit, ich war nicht schnell zufrieden. Als wir die Sterntaler probierten, kletterten wir zuerst auf den Dachboden, ließen die Taler von den Balken herabregnen, fanden aber den Zuschauerraum zu eng, stiegen wieder in mein Zimmer hinunter, Schreckensschrei meiner Mutter: Wie seht ihr denn aus? Hatten wir nicht beachtet, die Kunst ging vor, wir waren schwarz vor Ruß, hatten die Balken gesäubert.

Marta und Walter 1936

Die Aufführungen fanden dann in meinem Zimmer statt, durch einen Vorhang in Bühne und Zuschauerraum getrennt. Mutter fand alles gut, die Zuschauer zahlten einen Pfennig, und wer keinen hatte, durfte auch herein.

Später spielte ich in Studententheatern, mindestens drei Aufführungen im Jahr, nahm Schauspielunterricht, stand in kleinen Rollen auf der Stadttheaterbühne in Basel, erhielt Lob von alten Mimen, fand mich zwar gut, aber nicht sehr gut, wurde Lehrer, warf mich ins Schultheater. In meiner Familie wurde mit den Kindern immer Theater gespielt. Ein Sohn wurde Schauspieler und Regisseur, lebt in Berlin, ein Enkel wurde Schauspieler, lebt in Berlin, meine Schwester spielte in vielen Studententheatern, lebt in Berlin. Berlin ist meine Theaterstadt geworden. Habe auf vielen großen und kleinen Bühnen unzählige Aufführungen erlebt. So wirkt manches aus der Kindheit weiter, wenn man ihm Raum lässt.

Die religiöse Erziehung war Privatsache. Vater sang im Kirchenchor »Unsere Liebe Frau«, ich leistete ihm Gesellschaft auf der Empore, konnte die Sänger und Sängerinnen betrachten, den Organisten, wie er die Pedale trat und die Register zog, flötete und brauste, zwischendurch blickte ich auf den Hochaltar, die bunten Gewänder, die duftenden Weihrauchwolken aus dem Messingfass. Links stand ein goldener Lorenz mit einem Gitter in der Hand auf einem Sockel an der Wand, rechts der Evangelist Johannes mit der Schlange im Kelch. Eine Maria im blauen Mantel auf einer Mondsichel war schön, ein bärtiger Joseph ein wenig langweilig. An hohen Feiertagen trug der goldene Pfarrer die goldene Monstranz mit der weißen Oblate unter Glas durch den Raum, wozu der Organist alle Register zog, sodass ich mir die Ohren zuhalten musste.

Nach dem Sonntagsgottesdienst tranken die Männer noch ein Seidel Bier, die Söhne nippten, die Mütter und die Töchter waren in der Frühmesse gewesen und kochten in allen Töpfen und Pfannen das üppige Sonntagsessen, zu dem dann die Herren der Schöpfung erschienen und sich an den Tisch setzten.

Mit neun Jahren näherte sich die erste Heilige Kommunion am Weißen Sonntag und die Firmung durch den Erzbischof von Bamberg an Pfingsten. Für die Kommunion war ein besonderer Unterricht durch einen Kaplan vorgesehen. Die Pestalozzischüler wurden von Kaplan Schlereth eingeführt. Der war ein umfangreicher, schwarz gekleideter Mann, hatte sich eben ein Motorrad gekauft, war prompt gestürzt und hatte sich das Bein gebrochen. Deshalb wurde ich zu Kaplan Popp im Ottoschulhaus an der Ottostraße eingeteilt. Das war weit weg, so führte mich Mama das erste Mal durch die schwarz verrußten Arbeiterstraßen zum Ottoschulhaus. Es gefiel mir gar nicht, war düster, abweisend, furchterregend. Wir stapften eine steinerne Stiege hinauf, näherten uns der angewiesenen Klassenzimmertüre, sie wurde aufgerissen, ein Schüler flog heraus und donnerte gegen die Fensterwand. Dann schmetterte die Türe wieder zu. Meine Mutter klopfte zaghaft darauf, sie wurde wieder aufgerissen, eine dicke schwarze Gestalt brüllte: »Was hast du zu klopfen?« Dann ein zorniger Blick: »Was wollen Sie denn? Wer sind Sie?« Meine Mutter stellte sich vor, schob mich nach vorn - »Sie sind zu spät! Der Unterricht beginnt um fünf Uhr!« Meine Mutter kam überall zu spät, sie hatte kein Zeitgefühl, fand, es komme nicht so genau drauf an, nach dem Spruch: »Gott schuf die Zeit, von Eile hat er nichts gesagt.« Dann wurde ich in eine Bank geschubst, und der Gottesmann fuhr in seiner Sinaidonnerpredigt fort. Den Heimweg nach dem Espan fand ich allein, ich sagte meiner Mutter: »Ich gehe nie mehr zu Kaplan Popp!« Sie war einverstanden, unterrichtete mich selbst, obschon sie ja evangelisch erzogen war und nicht angedonnert worden war. Ich hörte: Das ist der schönste Tag deines Lebens, Gott kommt zu dir, in dich hinein, er wohnt fortan in dir. Aber du musst vorher alle deine Sünden beichten, immer wieder, du musst ganz rein sein, sonst ziehst du dir die Höllenstrafe zu. Ich begriff: eine höchst gefährliche Sache, denn sündigen war spannend, rein sein langweilig. Zur Vorbereitung der Beichte erklärte mir Mama alle Sünden, die es für mich gab, das waren viele. Ich sagte ihr, ich müsse alles aufschreiben, sonst würde ich dies und das vergessen. Also nahm ich den »Katechismus für das Erzbistum Bamberg«, der mich fortan begleitete, und schrieb sämtliche aufgelisteten möglichen Sünden säuberlich ab, verlangte im Beichtstuhl ein Licht, damit ich die vielen Blätter vorlesen konnte. Der Beichtvater war freundlich: »Hast du alle diese Sünden begangen?« »Ja, Herr Kaplan, alle.« Zur Buße bekam ich ein Vaterunser, ein Gegrüßet seist du und ein Ehre sei. Das war milde. Und ich war von allen Sünden frei, erleichtert, hatte keine vergessen oder ausgelassen.

Der schönste Tag hatte seine Tücke: eine Hostie wurde mir auf die Zunge gelegt, dann klebte sie oben am Gaumen. Man durfte sie weder zerbeißen, noch mit dem Finger herunterholen, sie klebte einfach und war nicht zu bewegen. Noch als ich aus der Kirche trat und allerlei gefragt wurde, konnte ich nicht antworten, blieb stumm. Man dachte, ich sei so ergriffen, weil ich nicht mehr sprach. Nach langer Zeit erst löste die

Oblate sich auf. Von Gott in mir keine Spur. Ich spürte nur Verdruss.

Der Tag der Heiligen Kommunion war feierlich, die Geschäfte hatten Karten und Geschenke geschickt, Schramm Bratwürste, Zellhöfer Kuchen, Dimper Butter, unzählige Glückwunschkarten mit Goldrand sammelte ich in eine Schachtel, wir aßen, wir schlemmten, von mittags bis abends, müde sank ich ins Bett, wachte mit prallem Bauch immer wieder auf, weil ich einen Höllendurst hatte, rannte in die Küche und stürzte Wasser aus einem Glas hinunter, viele Gläser, um fünf Uhr früh fiels mir heiß aufs Herz: man muss doch nüchtern sein, und wir sollten noch einmal gemeinsam zur Kommunion gehen. Ich heulte, Mama sagte mir, Wasser zähle nicht, doch erwiderte ich, man darf gar nichts in den Magen gießen, man muss rein sein, hat man uns bei der Vorbereitung in der Kirche gesagt. Wir schlossen einen Kompromiss, gingen hinten in die Kirche, ich ging nicht nach vorne, eine Katastrofe.

Die Firmung verlief ohne Störung, man erhielt eine symbolische Ohrfeige mit zwei Fingern an die Backe, das war eine Art Ritterschlag, jetzt war ich volles Mitglied der Alleinseligmachenden Kirche mit dem Unfehlbaren Stellvertreter Gottes, dem Papst in Rom.

»Ich will die Kirche hören« sangen wir und »Christus ist König«. Wenn ich jetzt noch genügend Gute Werke vollbrachte, hatte ich mir den Himmel verdient. Mit einem vollkommenen Ablass konnte ich auf Vergebung aller Sünden in der Sterbestunde zählen: der Eintritt in den Himmel war garantiert.

Die irdischen Belange liefen natürlich weiter. Nach der monatlichen Beichte in der Kirche war mir aufgetragen, im vorgebauten Obstladen an der Ecke Most-Hallstraße einige Pfund »Oraschen« oder Trauben je nach Saison und in einem Brotladen an der Königstraße einen Fünfpfünder Frankenlaib im Familienrucksack nachhause zu tragen, sündenfrei.

Dieser Rucksack - grünes Segeltuch mit breiten braunen Lederriemen, hielt Jahrzehnte durch - war das Gesellenstück von Onkel Walter, der als Sattler in Döberitz für des Kaisers Reiterei arbeitete. Weil kein Kaiser mehr war, wanderte er nach Milwaukee, einer deutschen Stadt in der Nähe von Chicago, aus. Dort wurde er Braumeister in der Schlitz-Brauerei, im Alter lebte er in Tampa, Florida, rauchte täglich Pfeife, wurde 97 Jahre alt. Das Heimweh zog ihn mehrmals in den Schwarzwald, den er im Urlaub durchwanderte. Ich trage seinen Vornamen.

## Die Schule

Die erste schlechte Erfahrung war der private Kindergarten an der Nürnberger Straße mit zweieinhalb Jahren: wir saßen auf einem großen Schlitten, der fuhr mit einem Ruck an, ich purzelte hinunter in den Schnee, heulte, wurde entlassen, weil noch zu klein.

Die zweite schlechte Erfahrung war der private Kindergarten am Karlsteg mit vier Jahren - meine Mutter hätte mich wohl wegen meiner Wildheit gern zur Zähmung untergebracht.
   Ich wurde abgegeben, sah mich um, fand viereckige Holzklötze, baute einen Turm, immer höher, er schwankte schon

ein bisschen, aber noch einen Klotz darauf: ah, ich war stolz. Ein Mädchen stand die ganze Zeit daneben, schaute mir zu, bewundernd, wie ich meinte, dann zog sie blitzschnell den untersten Klotz weg, der Turm stürzte zusammen, ich war entgeistert, haute ihr eine Ohrfeige auf die Backe. Sie heulte, beklagte sich über mich, war die Unschuld in Person, das Fräulein kam gerannt, haute mir eine gewaltige Ohrfeige. Ich konnte ihr keine zurückgeben, ihre Backe war zu weit oben. Also streckte ich ihr die Zunge heraus. Sie packte mich und sperrte mich in einen Karzer. Ich war wegen Frechheit entlassen, als meine Mutter mich abholte. Das war meine erste Begegnung mit weiblicher Tücke. Heilfroh war ich, dass ich wieder in aller Freiheit spielen konnte, die Schule hatte sich für mich als nicht geeignet erwiesen.

Nun näherte sich der Frühling 1934 nach meinem sechsten Geburtstag am 28. Februar. Da würde ich endgültig in die Gefangenschaft der Schule gesteckt werden. Etwa zwanzig Jahre Haft hatte ich vor mir. Mir graute, das Ende der Freiheit in Sicht. Kein Entrinnen. Ich war noch nicht bereit mich zu fügen und zu lernen. Mit sieben wurde ich neugierig und galoppierte voran. Jetzt aber fragte ich Vater: warum muss ich denn in die Schule? - Damit du schreiben, lesen und rechnen lernst. - Aber das kann ich ja schon. - So? - Ich kann alle großen Buchstaben schreiben und lesen, das ganze Alfabet, alle Wörter. - Du musst auch die kleinen Buchstaben lernen, die verbundene und die gedruckte Schrift. - Die kleinen Buchstaben brauche ich doch nicht, mir genügen die großen. - Dann lernst du rechnen über zehn. - Das brauche ich nicht, bis zehn genügt mir. - Vater seufzte, hatte einen kleinen Rechthaber vor sich, höchste Zeit, dass der denken und begreifen lernte.

Einschulung mit Schultüte. Ich merkte, dass die ein Trick war, wir durften sie ja im Klasszimmer nicht öffnen und nichts daraus essen. Erst zuhause. Zudem hatten längst nicht alle eine Tüte und die wenigsten eine so große wie ich. Darauf war ich nicht stolz, ich fand, jeder hätte die gleiche Tüte haben sollen. Der Lehrer witzelte mit einem drei Meter langen Rohrstock in der Hand: der Stock ist nicht nur zum Hauen da, sondern auch zum Zeigen! Das fand ich nicht witzig, sondern grausam: der Stock war also zuvörderst zum Hauen da. Und so wars. Manche Mütter blickten ängstlich, andere, wie meine, dachten, das tut ihm ganz gut, dass er den Ernst des Lebens kennenlernt. Den lernte er nicht kennen, sondern Unrecht, Sadismus, Einbildung, Langeweile. Ein harter Anfang, andrerseits auch nützlich. Der Ernst des Lebens spielte sich unter den Schülern ab, der Lehrer war nur ein Feind, über den wir die Achsel zuckten.

Erste Klasse Volksschule im Pestalozzischulhaus. Diese schwarzberußte Buckelsteinburg in schwindelnder Höhe drohte jedem Winzling, der da herbeikam: da wirst du gepackt, geschrubbt, gemodelt. Und wenn du wieder ausgespuckt wirst, dann bist du selber eine solche Burg und drohst den andern. So kommst du durchs Leben.

Das Schulhaustor konnte keiner öffnen, so schwer wars. Wer zu spät kam, musste beim Hausmeister, Herrn Faust, klingeln, und der kam fluchend und schüttelte seine Faust. Zu spät kam ja niemand eigens, sondern wenn die Mutter ohne Uhr lebte, wie meine. Im Treppenaufgang stand ein Sprichwort an der Decke: Morgenstund hat Gold im Mund. Das konnte ich natürlich erst in der zweiten Klasse lesen, begriffen habe ich es bis heute nicht. In der frühen Morgenstund schlafe ich. Zum zweiten Stock gings unter: Müßiggang ist aller Laster Anfang. Habe ich auch nicht verstanden, auch heute noch nicht. Ich liebe Müßiggang, wenn ich auch selten dazu komme. Und was heißt schon Laster? Angenehme Gewohnheiten sind nicht schlecht. Die heutigen Schüler gehen durch ein modernes Gebäude hinein und die Weisheiten an der Decke sind längst überstrichen.

Den Namen des Lehrers will ich nicht nennen. Leider war er unser Nachbar. So hasste er mich schon, bevor er mich in seine Finger kriegte. Weil ich so laut war. Und weil er ein Komponist war und auch zuhause in heiliger Ruhe seine heiligen Werke komponieren wollte. In der Schule beherrschte er uns vierzig Jungen mit eisernem Blick. Wir lernten das Alfabet, Buchstabe um Buchstabe. Von acht bis zwölf und zwei bis vier mussten wir jeden neuen Buchstaben zehntausendmal schreiben, in absoluter Stille, während er summend durch die Reihen schritt und manchmal ans Pult rannte, wo er mit rascher Feder in ein großes aufgeschlagenes Notenheft hineinmalte. Dann summte er wieder durch die Klasse, warf ab und zu einen Blick auf die Schiefertafel, zog einen Schuldigen mit krummem Strich nach vorne und hieb ihm mit sichtlichem Genuss fünf Tatzen auf die innere Handfläche, dass sie aufschwoll. Für schwere Vergehen, etwa ein Wort zum Nachbar, oder den Griffel vergessen oder den abgebrochenen nicht ersetzt, gab es Hosenspanner. Der Verbrecher musste sich bäuchlings aufs Pult legen, der Komponist zog ihm die kurzen Hosen straff, und dann sausten die Meerrohrhiebe pfeifend auf die Hinterbacken. Auf dem Heimweg zeigte der Bestrafte seine Striemen, das waren jetzt Heldennarben.

Klasse 1a Pestalozzi Schulhaus März 1935, Walter: obere Reihe, Vierter von links, Rudolf: obere Reihe, Zweiter von links,

Georg: untere Reihe, Sechster von rechts

Einzelne trugen Krachlederne, die waren besser dran. Aber die waren teuer. Viele trugen Boxeln aus Stoff, wie auch ich. Wenn wir von den Vätern verhauen wurden, hielten wir auch einander die Narben vor Augen. Ich kriegte zwar viele Hiebe, aber sie waren milde, nicht sichtbar, ich konnte mich nur blank offenbaren. Das gehörte zum Leben, Strafe muss sein, das lernten wir handgreiflich.

Eine Lieblingsbeschäftigung von ihm war es, einen Schüler, der vor Angst nichts Falsches antworten wollte, und daher schwieg, wenn er gefragt wurde, in die Ecke zu stellen. Dann forderte er die Klasse auf, mit den Fingern auf ihn zu zeigen und ihn auszulachen. Mir geschah Ähnliches beim Turnen: er hieß uns die Kletterstangen hinaufsausen. Einzelne kannten von älteren Brüdern den Kletterschluss und konnten das. Ich war im Freien ein guter Kletterer, auf Apfelbäume etwa, ich konnte sogar barfuß auf Zaunpfählen rennen. Aber die Kletterstangen waren mir fremd, rutschig, ich versuchte mich an den Händen hinaufzuziehn, erfolglos. Da versammelte der Komponist die Klasse um mich, ließ sie mit den Fingern auf mich zeigen und »Mehlsack« rufen. Er rief am lautesten, mit hörbarem musikalisch-rhythmischem Genuss. Da hing ich und wünschte ihm den Tod. Den Kletterschluss lernte ich erst in der höheren Schule, weil dort Turnen Hauptfach war und der Fachlehrer mir zeigte, wie es ging. Da war ich im Hui oben, genau wie alle anderen.

Weil ich dem großen deutschen B die Verbindungsschleife nicht mit einem Ringlein anhängte, was ich überflüssig fand, erhielt ich eine Strafaufgabe: eine ganze Schiefertafel voll großer B mit deutlichem Ringlein hinzugriffeln. Das schrieb ich maulend im Garten, während es aus des Komponistens Wohnung fröhlich summte. Mama fand, ich hätte wackelig geschrieben, sie löschte die ganze Tafel mit dem Schwamm aus. Sie unterstützte den Sadisten! Also malte ich noch einmal hundert ß mit Ringlein. Noch heute lasse ich es weg, wenn ich ein deutsches ß schreibe, und setze mich ein Leben lang bewusst gegen unnötige Regulierung durch.

Auf dem Heimweg redeten wir über den Tyrannen. Ich sagte, mit allseitiger Zustimmung: »Unsa Lehra is a Seftl.« Das war ein leichtes Schimpfwort, weniger als Depp. Einer verpetzte mich, er wollte sich wohl beliebt machen, wie alle Denunzianten, die ja in jener Zeit Hochbetrieb hatten. Der Komponist fragte mich, ob ich das gesagt hätte, ich bejahte und war enttäuscht über den Verrat eines Kameraden. Da habe ich die männliche Tücke kennengelernt. Der Komponist wagte es nicht, mich zu schlagen, schließlich kannte er meinen jähzornigen Vater, so bekam ich zur Strafe drei Häufchen Rechnungen. Ich schrieb sie und gab sie nach einer Woche ab. Eine Woche später fragte der Komponist wieder nach der Strafarbeit - die habe ich doch schon abgegeben. »Das gilt für das ganze Jahr. Jede Woche erwarte ich die drei Häufchen.« Da merkte ich, was Unrecht war, der Komponist war nicht nur ein Seftl, er war ein Sadist. Dieses Wort kannte ich noch nicht, aber seinen Gehalt verstand ich. Ein furchtbares erstes Schuljahr. Zum großen Glück für uns und für ihn wurde er an eine Komponistenstelle in München berufen und machte sich dort einen Namen.

Das Pestalozzischulhaus war 1906 errichtet worden. Die Schüler kamen aus drei Gebieten: aus der Altstadt um den

Gäns- und Heiligenberg, aus Poppenreuth, aus der Genossenschaftssiedlung, die später entstand. Aus der Altstadt kamen die Armen, sie wohnten in finsteren, übel riechenden Löchern, kamen barfuß im Sommer, mit altem Schuhwerk im Winter, in zerrissenen Kleidern, ungewaschen, unerzogen, frech, zotenreich, immer zum Schlagen bereit.

Aus Poppenreuth kamen die Bauernkinder, ihr altes Dorfschulhaus stand leer, ebenfalls barfuß im Sommer, oft in zu großen abgetragenen Kleidern älterer Geschwister. Sie waren ängstlich, naiv, mussten auf dem Hof arbeiten, manchmal war die Heuernte wichtiger als die Schule, hatten wenig Zeit für Schulaufgaben, waren »schlechte«, also »dumme« Schüler. Aber sie waren liebevoll, dankbar für Aufmerksamkeit der Kameraden.

Aus der Espansiedlung kamen die sauberen, zähnegeputzten, hübsch angezogenen Kleinbürgerkinder, auch im Sommer beschuht, mit Söckchen und Sandalen, immer ein Vesperbrot oder Obst im Ranzen. Wir teilten es natürlich mit den hungrigen Armen, denn wir waren ja vom ausgiebigen Frühstück her satt. Zuhause rannten wir auch barfuß umher, vom April bis in den Oktober, anfangs spürte man die spitzen Steinchen, mit der Zeit schützte die schwarze Hornhaut, die dann zum Winterbeginn wieder rosig geschrubbt wurde.

Vorschrift war eine monatliche Warmdusche in einem eigenen Duschenraum, in dem wir während der Schulzeit nackt umhertollten, uns aber auch unter Aufsicht mit Seife einschmieren mussten. Volksgesundheit. Das warme Wasser strömte aus Deckenröhren. Wird wohl längst verschwunden sein, nach dem grausigen Missbrauch im Osten. Daran dachte damals noch niemand.

1934 starb Hindenburg, der Garant für Sieg und Monarchie. Wir wurden oftmals in der Turnhalle versammelt, mussten aus dem Rundfunk ein stundenlanges Gebrüll anhören, das wir nicht verstanden, aber es geschah während der Unterrichtszeit, so hockten wir da, tauschten Zettelchen und spielten Seeschlacht oder lustiges Zeichnen oder eine fantastische Geschichte zu erfinden. Dieses Brüllen erfreute uns während all den Schuljahren immer wieder, die Lehrer waren nicht alle beglückt.

Neu, spannend, abenteuerlich war der Schulweg. Er ging durch die Georgenstraße, mit meinen Freunden Gärch und Rudolf, wir waren, gleich alt, in der gleichen Klasse. Am Kavierlein kamen andere dazu, manchmal auch einer von der Wiesen- oder der alten Georgenstraße, obschon die nicht alle beliebt waren, weil manche zu den Schlägern gehörten.

Linkerhand lag in einem alten Park ein alter Weiher mit einer alten Hütte und einem alten Mann. Der schimpfte immer so herrlich, wenn wir durch ein Loch in der Umzäunung in das verbotene Gelände hineinschlüpften. Der Alte kam mit einem Stock gerannt, das fanden wir herrlich, weil wir rascher waren. Manchmal allerdings hatte ich Mitleid mit ihm, weil er so ungeschickt war. Am Ende des Kavierleins zogen wir auf einem Pfad durch eine leicht abschüssige Wiese, wo früher der »Schutt« gelegen war. Am Bächlein, das mittendurch floss, bestaunten wir den gelben Eidotterschlamm, sahen den Kröten und den Wasserspinnen zu, leiteten manchmal auch den Wasserfluss um. Manchmal stand ein Schäfer mit seiner Herde im Gras. Wenn er mit seiner Wurfschaufel Erde warf, sauste der Hund dorthin und wies abseitige Schafe zur Herde zurück. War spannend zu sehen, aber er hatte uns nicht gern, weil wir störten. Sprach kein Wort. Die Poppenreuther Straße war leicht zu überqueren, der Verkehr war gering. Durch die Pestalozzistraße erreichten wir das Schulhaus, unsere Burg.

Wenn ich allein an den schwarzen Buckelsteinen entlang strich, stellte ich mir vor, dass ich jetzt gefilmt würde, damit mein ganzes wichtiges Leben aufbewahrt wäre. Im Klasszimmer sähe man in mein Inneres, was ich dächte und fühlte.

Zuerst jedoch musste ich mich unter den Schlägerschülern behaupten. Immerhin wurden nach Regeln Zweikämpfe ausgetragen, der Forderung zum Duell musste jeder sich stellen, auch wenn er unterlegen war. Die Schläger waren natürlich groß und hatten eiserne Muskeln. Ich war da erfolglos und kam oft mit Sand im Mund nachhause. Meine Mutter riet mir dringend, mich zu wehren. Ich seufzte, sagte: hat keinen Sinn, die sind stärker. Mama gab mir einen Rat: ich kenne ein Mittel, das dich so stark macht, dass dir keiner mehr etwas antun kann. - Welches? - Du musst drei Tage hintereinander Rosenkohl essen, dann bist du der Stärkste. - Oh je, Rosenkohl hatte ich gar nicht gern. Aber ich bezwang mich, kaute und schluckte den Rosenkohl, und siehe da: ich war stark. Als mich wieder einer forderte, sprang ich ihn an, warf ihn zu Boden, wer auf dem Rücken lag, hatte verloren. Das war die Regel. Weil er nicht auf meine neue Stärke gefasst war, zappelte er erstaunt unter mir. Aha. Der Rosenkohl wirkte.

Nur einmal wurde ich todtraurig, weil ich ungern kämpfte, Körperstärke war mir schnuppe.

Das war Dieter, ein langer Blonder, viel größer und kräftiger als ich, ich brachte ihn nicht auf den Rücken, sondern auf den Bauch. Was blieb mir anderes übrig, als seinen Kopf in den Sand zu drücken, dass sich sein Mund füllte. Gibst du auf? -

Nein, tönte es dumpf von unten. Das wäre wohl gegen seine Ehre gewesen. Also drückte ich weiter und weiter und weiter und stopfte ihm den Mund mit Sand voll, die Umstehenden sahen gespannt zu, bis er endlich aufgab, weil er kaum mehr atmen konnte. Er gab sich besiegt. Aber ich war dieses Sieges nicht froh, ich fand mich grausam, das alles wollte ich nicht. Nun ja, Dieter und ich kamen wieder gut aus, aber er forderte mich nie mehr. So hatte ich mir mit Rosenkohlkraft Respekt verschafft. Und das habe ich meiner klugen Mutter zu verdanken. Übrigens ist Rosenkohl seither ein Lieblingsgemüse von mir.

Ein Schulkamerad (man sagte damals so, heute gilt das als zu militärisch, also höre ich »Kollege«, was ja auch nicht stimmt) von der Georgenstraße hatte nicht so eine kluge Mutter wie ich. Der wurde immer zusammengeschlagen, war klein, dünn, schwach. Seine Mutter hörte durch ihn von meiner neuen Stärke und dass ich gefürchtet wäre, so bat sie meine Mutter, ich solle doch ihr Söhnchen beschützen. Das gefiel mir gar nicht, der war wirklich zu schwach und ängstlich und für mich langweilig. Aber ich übernahm die Aufgabe, holte ihn nach meinem Frühstück morgens ab. Er saß noch am Tisch. Was sah ich? Sein Frühstück bestand aus Feigenstückchen, am Abend vorher aus einer einzigen getrockneten Feige geschnitten und in Wasser eingeweicht, die er langsam löffelte. Das war alles. Ich begriff: der ist ja verhungert. Und die Mutter ist unfähig, zwingt ihm ihre Diät auf. Sie war ebenso dünn wie ihr Söhnchen. Nun, ich ging fortan mit ihm zusammen, beschützte ihn, mit der Zeit verloren die Schläger ihr Interesse an ihm (und an mir), und ich konnte mich wieder meinen eigenen Vorlieben zuwenden. Was aus den beiden wurde, weiß ich nicht. Sie seien fortgezogen, berichtete man mir später.

Für den Schulweg brauchten wir etwa eine Dreiviertelstunde, manchmal, besonders auf dem Rückweg, auch länger. Ein Erwachsener geht das zügig in zehn Minuten. Spannend für uns war der kleine Umweg zum Füther Kanalhafen neben der Poppenreuther Brücke, wo jahrelang der Kahn »NORIS« verrostete und verrottete. Er war geheimnisvoll, ein verlassenes Piratenschiff.

Eine schöne Beschäftigung war der Lesekasten. Die verzierten Frakturbuchstaben waren auf kleine Kärtchen gedruckt, wir konnten sie zu Wörtern zusammensetzen. Manche waren sogar in roter Farbe. Da ein solcher Lesekasten teuer war, konnten ihn nicht alle sich leisten. So arbeiteten wir zusammen.

Wer lesen lernt, dem öffnet sich eine neue Welt. Er liest alles, was er entdeckt. So erinnere ich mich: in der Straßenbahn nach Nürnberg - die Fahrt bis zum Plärrer dauerte fast eine Stunde - saßen die Reisenden auf zwei langen Bänken einander gegenüber. Ich entzifferte mühsam eine Zeitungsüberschrift auf der anderen Seite, und weil ich das lange Wort nicht verstand, lernte ich es auswendig: »Nichtangriffspakt«. Das war 1934, zwischen Polen und dem Deutschen Reich.

Da der Komponist plötzlich nach München verschwand, fehlte eine Lehrkraft. So wurden wir im zweiten Schuljahr mit einer Mädchenklasse zusammengelegt, 62 Schüler zählten wir jetzt, und die Lehrerin, die mit uns belastet wurde, war Fräulein Hauser aus Poppenreuth. Die Note im Betragen, erklärte sie, sei für Knaben höchstens 2, keine 1. Das führte nach dem ersten Zeugnis zu einer Kontroverse mit meinem Vater: was hast du angestellt, dass du nur eine 2 hast? - Nichts, Buben erhalten höchstens eine 2. - Er glaubte es nicht. Sonst hatte ich, im Gegensatz zum Komponistenjahr, lauter Einsen. Da fragte ich ihn: Was hast denn du für Noten gehabt? - Nur Einsen. - Das wollte ich sehen. Er holte seine Zeugnisse, fünf im Jahr, und tatsächlich: 111, sonst nichts. Auch im Betragen. Ich war fassungslos. Immerhin war das nach der Volksschule eine Realschule, kein Gymnasium. Sein Lehrer hatte sich für ihn eingesetzt, aber da 1914, als mein Vater zehn Jahre alt war, der Krieg ausbrach, sollte er eine Bürokarriere machen, wie seine Vorfahren. 1917 wurde sein Vater schwer verwundet, 1918 begann mein Vater, nicht erfreut, seine Bürolehre, 1922 schloss er sie ab, stellte sich nicht als Ernährer seiner Familie zur Verfügung, sondern trat eine Stelle in Leipzig an. Immerhin, der Anblick seiner Zeugniseinsen hat sich mir eingeprägt, da konnte ich ihn nicht überall einholen.

Fräulein Hauser war eine wunderbare Lehrerin. Auch die 62 Kinder hatte sie im Griff. Sie war nicht laut, sie sprach freundlich, aber bestimmt. Wir gehorchten nicht nur, wir glaubten ihr. Jeder Geburtstag wurde mit einem Lied gefeiert, dann ging die Klasse nach vorn und das Geburtstagskind zog aus einer Tüte einen Wollfaden, dessen Farbe mit der des Geschenkes übereinstimmte: die Mädchen erhielten eine Haarschleife, die Knaben ein von ihr gesäumtes Taschentüchlein. Mir war das viel zu fein, es duftete sogar süß, daher legte ich es in eine Schachtel zu meinen kostbaren Schätzen, und schnäuzte mich in ein großes braun oder blauweiß gewürfeltes. Die Altstadt- und die Bauerjungen taten wohl desgleichen, oder schenkten die Tüchlein ihren Schwestern, und schnäuzten sich weiterhin mit den Fingern, wenn es unbedingt nötig war, sonst genügte auch pfeifendes Hinaufziehn.

Jede Stunde stellten wir uns neben die Zweierbänke, bewegten die Arme im Rhythmus des Liedes »Schneeflöckchen, Weißröckchen«. Eine angenehme Unterbrechung des Stillesitzens ohne Zwang verschränkter Arme, wie sonst üblich. Wir lasen Geschichten aus dem »Lesebuch für den 2. und 3. Schülerjahrgang der Gemeinschaftsschulen Bayerns«, noch die alten poetischen Texte, zunächst in Fraktur, die zweite Hälfte in Antiqua. Wenn ich ein neues Lesebuch erhielt, las ich es sofort aus und liebte es heiß. Ich las es von Zeit zu Zeit wieder, und so konnte ich meine Kenntnisse in Heimatkunde vertiefen. Nur eines hat die Flucht überlebt, schade. Fräulein Hauser las uns immer wieder andere Geschichten vor.

Die schönste Erinnerung ist für mich die Märchenstunde. Von November an las sie uns mindestens an einem Nachmittag von zwei bis vier aus einem dicken Buch Märchen der Brüder Grimm. Eine Kerze schien auf ihr Buch und ihr Gesicht, draußen schneite es im Dämmerlicht. Atemlos lauschten wir. Um vier sausten wir in den Hof, warfen uns Schneebälle an, bauten Schneemänner. Zu Weihnachten wünschte ich mir das dicke Buch der Grimmschen Märchen. Erhielt zu meiner riesigen Enttäuschung bloß »Grimms Märchen in neuer, sorgfältiger Auswahl« aus Loewes Verlag Stuttgart, nur 200 Seiten. Das dicke Buch kaufte ich mir später in einer Kriegsausgabe mit den Zeichnungen von Otto Ubbelohde. Ein Freund von mir, geflüchtet aus Schleswig-Holstein, hatte von seiner Großmutter alle Bände mit den Tuschzeichnungen von Ruth Koser-Michels auf einem Bücherbrett, die gefielen mir früher besser, kindgerechter, ich beneidete ihn, las und schaute alles durch. Aber Fräulein Hausers Winternachmittagslesungen waren schöner als alle Illustrationen.

Das Schülerleben in einer gemischten Klasse war anders. Wegen Gefahr von Diebstahl befand sich die Garderobe hinten im Klasszimmer in einem abgetrennten Gelass mit Schiebetüren. Dort versteckten sich morgens die Lausejungen, und wenn ein Mädchen sein Mäntelchen hineinhängen wollte, erschreckten sie es mit Gebrüll aus dem Dunklen. Natürlich meldeten sie das Fräulein Hauser, aber wers war, kam nie aus. Die Lehrerin war so menschlich, keine Kollektivstrafen zu erteilen. Mit der 2 im Zeugnis war das ja schon kompensiert.
 Die Jungens saßen hinten, die Mädchen vorne. Die meisten trugen Zöpfe, an denen wurden die hintersten während der Stunde gezogen, sie kreischten. Niemand wars.

Die erotisch Fortgeschrittenen aus der Altstadt brachten einen Vorschlag. Der Star in der Klasse war die rotwangige blonde Erika. Mir, der ich offenbar am besten schreiben konnte, wurde aufgetragen, sie in einem Brief höflich zu bitten, sich einmal nackt zu zeigen. Nun hatte ich selbst kein Interesse daran, war also neutral. Ich hatte ja eine Schwester und wusste, wie ein Mädchen aussieht. So schrieb ich den Brief und gab ihn ihr. Leider habe ich ihn nicht mehr, nähme mich wunder, wie ich das formulierte. Zu aller Überraschung überbrachte mir ihre Freundin eine schriftliche Antwort: Ja, das könne geschehen, aber unter Bedingungen: die Klasse müsse auf dem Espanspielplatz einen Kreis um sie bilden, dass es niemand Unbefugter sehe, und man dürfe sie nicht berühren. Über ihre Freundin kam das Treffen zustande. Die Klasse stand erwartungsvoll, die Schöne kam etwas später, ganz im Gefühl ihrer Würde und Wichtigkeit, sie machte einen Handstand, der Rock fiel hinunter, nichts drunter an, sie spreizte die Beine, und die ganze Klasse spazierte andächtig ernst im Kreis um sie herum, außer ihre Freundin, die aufpasste, und ich, der ich mich erhaben über solche Kindereien fühlte. Dann sprang sie auf und ging erhobenen Hauptes davon. Die Klasse zerstreute sich schweigend.

Da wir Jungens gegenüber den Mädchen als frech galten, erhielten wir nach diesem Jahr für die dritte und vierte Klasse den strengsten Lehrer, und die schöne Zeit mit Fräulein Hauser war vorbei, bleibt aber unvergesslich. Leider konnte ich Fräulein Hauser nach dem Krieg nicht besuchen, um ihr meinen Dank abzustatten. Mein Freund Rudolf erzählte mir ihren schrecklichen Tod: im Herbst 1945 lief sie, wie immer mit gesenktem Kopf und raschen Trippelschritten auf dem Weg nach Poppenreuth, wo sie wohnte, über die Erlanger Straße genau vor einen amerikanischen Tank, der die Straße heruntergerasselt kam und nicht mehr bremsen konnte. Dennoch: ein guter und gütiger Lehrer ist Gold wert.

Die Schule lud manchmal einen besonderen Menschen ein. Mehrere Klassen versammelten sich neugierig in der Turnhalle, dankbar für Eigenartiges. Ein Vortragender erschien, ausgemergelt, dürr, sah aus wie der Hunger. Trug auswendig Märchen vor, eins blieb mir in herrlicher Erinnerung: Das Märchen vom dicken, fetten Pfannekuchen. Der Dürre trug es nicht nur vor, er lebte es. Wegen seiner lautmalerischen Qualität ließ ich es später auch meine Kinder öfters hören und erfreute andere Kinder an einem Geburtstagsfest. Sogar Oberstufenschüler fanden Gefallen daran. (Gedruckt findet man es bei Lisa Tetzner, Die schönsten Märchen der Welt für 365 und einen Tag, Band 3, Zürich 1949.)

Ein Pendler kam, ließ sein Pendel über die innere Handfläche schwingen, und zählte dann alle Krankheiten auf, die der einzelne durchgelitten hatte. Er konnte sogar das Jahr sagen.

Auf die Frage, ob er auch die Zukunft vorauswisse, erklärte er: nein, die sei noch nicht sichtbar. Nur Vergangenheit und Gegenwart lassen sich herausfinden.

Schulklassen nahmen am Kinderfaschingsumzug teil. 1935 bauten die älteren Volksschüler die Ludwigeisenbahn zum hundertjährigen Jubiläum aus Holz, Pappe, Glanzpapier auf Wagen nach und zogen stolz durch die Nürnberger und die Königstraße. In einem anderen Jahr trug jeder von uns eine recht schwere Holz-Pappdeckel-Sparbüchse der Sparkasse Fürth i/B. auf den Schultern. Einmal auch ritten wir auf einem selbstgebastelten Steckenpferd.

1935 erschien eine junge Aushilfslehrerin, Fräulein Hauser war wohl krank. Sie zeichnete einen Umriss von Böhmen an die Tafel, füllte die damals neue Tschechei mit Tanks, setzte sie mit Pfeilen nach allen Seiten über die deutsche Reichsgrenze in Bewegung. Sie erklärte: die Tschechen sind schwer bewaffnet, unsere Grenzen sind ungeschützt, wir müssen mit dem Schlimmsten rechnen. Deswegen setzt unser Führer den Versailler Vertrag außer Kraft und baut wieder ein starkes Heer auf. Dann sind wir gegen die blutrünstigen Tschechen gerüstet. Das machte mir Eindruck, besonders weil die tschechische Grenze gar nicht weit weg war. Eigentlich sagten wir immer Böhmen, böhmische Grenze, Böhmerwald. Tschechei und Tschechen hatten für mich einen gefährlich-schaurigen

Klang. Abends erzählte ich meinem Vater: wir sind in größter Gefahr, die Tschechen wollen uns angreifen, und wir haben keine Tanks. - Wer sagt das? - Die neue Aushilfslehrerin. - Mein Vater brüllte: das ist erstunken und erlogen, die armen Tschechen haben Angst vor uns, sie haben eben erst ihre Freiheit gewonnen, nach jahrhundertelanger Unterdrückung, du sagst das dieser Lehrerin!!! - Ich sagte natürlich nichts. Aber mein Vater wollte es genau wissen: hast dus ihr gesagt? - Ja. - Was hat sie geantwortet? - Das habe sie nicht gewusst, sie wolle nachdenken. - Vater war mit meiner Notlüge zufrieden. Und seither wusste ich: es gibt zwei Welten, die große Welt, in der Schule und auf der Straße, und die kleine, die meines Vaters. Die sind getrennt, völlig verschieden, ich gehöre beiden an, muss vorsichtig sein. Mein Vater versteht nichts von der großen Welt, also erzähle ich nichts mehr. Und so kam es, dass ich versteckte, was mich bewegte, weil ich mich immer in einer unverständlichen, mitunter feindlichen Umgebung bewegte, und doch dazu gehören wollte.

1936 begannen die zwei Jahre bei Lehrer Hans Brunner, dritte und vierte Klasse Volksschule.

Wir verehrten ihn, er war ein männlicher Draufgänger, spielte aber auch eine süße Geige, die holte er aus dem Schrank im Klasszimmer, leider nur jeweils in der letzten Stunde vor den Ferien. Dann machte er ein nach innen gerichtetes Gesicht, ganz weich. Sonst lief alles im Kommandoton, zackzack, aber sein Unterricht hatte Hand und Fuß, war abwechslungsreich, nie langweilig. Bei ihm war niemand frech, denn wir anerkannten seine natürliche Autorität.

Auch er strafte mit Meerrohrtatzen auf die Handfläche, selten mit Hosenspanner. Das war so üblich, allgemeiner Tarif für ungewollte Verstöße. Aber er war kein Sadist, hieb kühl und sachlich, weil es eben sein musste.

Mein Anfang war schlecht: ich hatte Ende März Scharlach bekommen, nach sechs Wochen war es Mai, ich trat also spät in die dritte Klasse ein. Wir schrieben jetzt mit einer Tintenfeder in ein Heft, das nur einfache, nicht mehr dreifache Linien aufwies, Ober- und Unterlängen im leeren Raum hatten wir selbständig genau zu beachten. Ich wusste das nicht, schrieb innerhalb zweier Linien, und schon hatte ich fünf Tatzen auf der Handfläche. Mein Nachbar wies, unter Gefahr gesehen zu werden, auf sein Heft, und ich merkte, wie es ging. Herr Brunner hatte nicht festgestellt, dass ich zum ersten Mal da saß. Kaserne. Aber ich begriff: du musst nicht warten, bis dir jemand hilft, du musst dir selber helfen, musst selbständig werden.

Ein unglücklicher Bauernjunge aus Poppenreuth war nicht so stark. Er hatte mit einem Luftgewehr versehentlich einem seiner Brüder ein Auge ausgeschossen. Als er wieder in die Schule kam, war er versteinert. Lehrer Brunner stellte ihn in eine Ecke, weil er ein Verbrechen begangen hatte. Manche lachten ihn aus, zeigten mit Fingern auf ihn, andere hatten Mitleid mit ihm. Dachten wohl, es hätte ihnen auch geschehen können. (Mein Freund Rudolf hatte auch ein Luftgewehr, aber wir durften alle nur damit schießen, wenn sein Vater dabei war.) Der Arme kam nicht mehr zur Schule. Welche Tragödie! Der Lehrer zeigte kein Verständnis.

Herr Brunner war überzeugter Nationalsozialist. Er führte uns langsam, pädagogisch geschickt, in die neue Zeit ein, indem er uns Vergleiche mit vorher und jetzt zeigte und uns selber das gute Neue wählen ließ.

So gab es die Jugendzeitschrift »Jugendlust«, die manche abonniert hatten, poetisch, ländlich, liebevoll, mit Zeichnungen von Ludwig Richter, wie die alten Lesebücher: Jugend als unschuldige Idylle. Herr Brunner brachte uns Probenummern der neuen »Jugendburg«, groß, violett-bräunlich gefärbt, wie eine Illustrierte. Mit Fotografien, Lagern und Ausmärschen der Hitlerjugend. Geschichten von Kampf, Krieg, Sieg, auch Niederlagen, aus denen man sich wieder erhob, Härte, Drauf und Dran, Augen zu und durch, den Heldentod nicht fürchtend. Männlich. Wir lasen eine Geschichte in Fortsetzungen, sie handelte von einer privaten Jugendgruppe, die einen treuen Zusammenhalt hatte, auf Fahrt ging, ums Lagerfeuer hockte, Wanderlieder sang, Kämpfe mit andern Gruppen ausfocht: eine verschworene Gemeinschaft. Aber ihr Anführer wechselte zur Hitlerjugend, was die andern zunächst nicht verstanden, doch dann folgten sie ihm. Warum? Weil die Hitlerjugend die einzige Jugend war, die richtig geführt wurde und sich für Führer und Vaterland einsetzte. Wir fanden das zunächst traurig, dass sich die geliebte Gruppe auflöste. Herr Brunner ließ uns alle Einwände zur Auflösung vorbringen, und diskutierte mit uns, warum es notwendig sei, dass alle in einer einzigen Bewegung aufgehoben seien, die mächtiger sei als jede kleine, und dem Vaterland besser dienen könne, was ja der Zweck unseres Daseins sei. Er überzeugte uns. Fortan lasen wir die »Jugendburg«. Und alle wurden Mitglied bei den Pimpfen, wer es nicht schon war. Außer ich.

Ich wollte natürlich auch dabei sein, aber mein Vater verbot mir brüllend, mich einer Verbrecherbande anzuschließen. Kommt nicht in Frage. Überhaupt sei das freiwillig. Vorsichtig war er nicht. Aber ich wusste ja: die Welt versteht er nicht, die verstehe ich zwar, aber er befiehlt mir. So blieb ich traurig ausgeschlossen von allem Herrlichen, was mir meine Freunde erzählten. Zudem wusste ich: später bekomme ich keine Stelle, wenn ich nicht dabei bin. Ich dachte auch: wenn ich erwachsen bin, trete ich bei. Ich will da sein, wo alle sind. Besonders wenn uns das Vaterland braucht.

Ein erzieherisches Nachspiel hatte mein Abseitsstehn allerdings in der Schule. Meine Freunde hatten Mitleid mit mir, weil ich so einen sturen Vater hatte, aber es gab auch Denunzianten und schräge Mäuler. Herr Brunner führte eine Leihbibliothek in der Klasse ein: jeder Schüler erhält leihweise ein Buch, das er mit anderen tauschen kann. Wir gingen nach dem Alfabet nach vorn, mit meinem D kam ich bald an die Reihe und konnte auswählen. Ich fand Till Eulenspiegel, die Geschichte kannte ich und liebte sie und wusste, dass man sie leicht tauschen kann. Die Letzten im Alfabet mussten halt nehmen, was noch übrig war. Einer war nicht zufrieden, war fies und rief: der Dellers hat ein so gutes Buch und ich ein so langweiliges und er ist nicht in der Hitlerjugend. Herr Brunner fragte mich erstaunt: stimmt das? Kleinlaut musste ich zugeben, mein Vater erlaubt es nicht, obschon ich gern dabei wäre. - Gib sofort dein Buch ab und nimm das andere, donnerte er. Dieses Unrecht habe ich nicht vergessen. Wie im Kleinen, so wars auch im Großen. Die Denunzianten hatten Hochkonjunktur. Das gehört zum Wesen einer Diktatur.

Ausflüge waren eher Ausmärsche. Auf Feldwegen lernten wir in Dreierreihen so marschieren, dass die Beine des hinteren Mannes in denen des vorderen zu stapfen hatten, das verlangte exaktes Taktgefühl, sonst stürzten wir ins Chaos. Das sei nötig, um Platz zu sparen. Manche Wege jedoch verlangten Gänsemarsch, das waren die schönsten durch Gersten-, Weizen- oder Roggenfelder, von roten Mohn- und blauen Kornblumen umsäumt. Der Dellers trug stets einen prall gefüllten schweren Rucksack, und schon im Zug standen die Bedürftigen um ihn herum, weil er gleich alles verteilte, zur Freude der Beschenkten und zur eigenen, da der Rucksack jetzt leicht wurde. Eine Menge Obst, Wurststullen, Bommbomms fanden ihre Abnehmer. Auf dem Heimweg vom Bahnhof lud ich die Kameraden gleichen Weges in den Italienischen Eissalon an der Schwabacher Straße 4 ein. Eine Kugel kostete 5 Pfennige. Ich hatte jeweils 50 übrig, so wählte ich zehn Kugeln aus, alle standen um den Becher und löffelten ihn aus. Ein Hochgenuss. Der Eissalon existierte noch in den neunziger Jahren, jetzt ist da ein chinesisches Restaurant.

Wir sangen weder Volks- noch Wanderlieder, sondern Soldatenlieder. Ältere, wie »Zu Straßburg auf der Schanz«. »Lippe-Detmold eine wunderschöne Stadt«, »Morgenrot, Morgenrot, leuchtest mir zum frühen Tod«, »Argonnerwald um Mitternacht«, »Die blauen Dragoner, sie reiten«, »Siehst du im Osten das Morgenrot«, »Ich hatt' einen Kameraden«, und neuere wie »Jetzt müssen wir marschieren ... wissen wir auch nicht, wohin es geht, wenn nur die Fahne, die Fahne vor uns weht«, »Wir fahren gegen Engelland«, »Unsre Fahne flattert uns voran«, »Nun lasst die Fahnen fliegen in das große Morgenrot«, »In den Ostwind hebt die Fahnen«, »Nur der Freiheit gehört unser Leben« - und viele mehr. Die lernten wir auswendig, wir liebten sie, sie waren zackig, entsprachen dem jugendlichen Gemeinschaftsgefühl, wir waren gewiss, im richtigen Heer zu sein. Und sie erleichterten das Marschieren in der heißen Sonne.

Wenn wir rasteten, sangen wir »Deutschland, heiliges Wort, du voll Unendlichkeit«, und unsere Gefühle stiegen ehrfürchtig in den vaterländischen Himmel auf.

So waren wir, ohne es zu merken, gläubig indoktriniert: wir gehören zusammen, sind für den Kampf und, wenns sein muss, den Tod bestimmt. »Mit den Fahnen und Standarten zieht es brausend in die Ewigkeit.« Wir kamen uns stark und wichtig vor. »Denn müssen wir auch fallen - wie ein Dom steht unser Staat. Ein Volk hat hundert Ernten und geht hundertmal zur Saat.«

Das kitschige Weihnachtsstallfest redete er uns aus, wir vernahmen, dass es ein altgermanisches Julfest gibt, das in Skandinavien noch gefeiert wurde, aus Anlass der Sonnwende. Dazu lernten wir ein Lied: »Hohe Nacht der klaren Sterne«.

Das Gegengewicht zuhause nahm ich auch zur Kenntnis, es war eine andere Welt, die des Verstandes und der Einsicht in die Wahrheit, war mir jedoch in diesem jungen Alter noch nicht zugänglich.

Nach dem Krieg entstanden zwei Aussagen: »singend in den Tod« und »missbrauchter Idealismus«.

Lehrer Brunner zeigte uns auch die nähere Heimat. Im Fürther Heimatatlas betrachteten wir den Lauf der Pegnitz, den Zusammenfluss mit der Rednitz zur Regnitz, die Straßen der Altstadt, hörten einiges über die Geschichte der Stadt. Der jüdische Anteil wurde natürlich verschwiegen. Diesen Atlas liebte ich über alles, leider fiel er der Plünderung zum Opfer. Als ich 1952 das erste Mal wieder nach Fürth kam, kaufte ich sofort einen neuen, aber der wies bereits entscheidende Änderungen auf, wie den begradigten Pegnitzlauf und das für den Stadtpark neu gewonnene Gelände.

Wir besuchten auch das frisch gegründete Heimatmuseum an der unteren Königstraße.

In Poppenreuth schauten wir einen mächtigen Bauernhof an, zeichneten ihn in ein Heft: die drei wegen Brandgefahr getrennten Häuser: Wohnhaus, Stall, Scheune um einen Hof, von einer starken Mauer im Viereck umschlossen, die im Kriegsfall einigen Schutz bot. Das gefiel mir so gut, dass ich zuhause auf kariertes Papier allerlei Höfe zeichnete, mit Menschen, Tieren, Wagen, und mit Farbstiften bunt anstrich. Ich wollte Bauer werden, weil diese Lebensweise Körper- und Geisteskraft verlangte. Spannend war auch eine Ziegelei außerhalb des Dorfes, nach deren Besichtigung wir einen Stummfilm anschauten. Herr Brunner baute viele kurze Schulfilme in seinen Unterricht ein, das gefiel uns und war abwechslungsreich. Im Gedächtnis sind sie mir allerdings nicht geblieben, die raschen Bildwechsel haften nicht.

Auf einer Wiese standen wir und erwarteten den Vorbeiflug des Zeppelins. Langsam, riesig, laut brummend erschien er majestätisch. Wir winkten, mir war, als sähen wir an den Fenstern der tiefhängenden Kabine Hände zurückwinken. Stolz wurden wir aufgeklärt, dass dieses Fluggebilde eine deutsche Erfindung sei und auch über den Atlantik schweben könne. Die Katastrofe von 1937 lag daran, dass das Deutsche Reich von den USA kein Heliumgas erhielt, das war unbrennbar.

An Luftballone hängten wir Grußbriefe, mit Namen und Absender versehen. Die ließen wir im Westwind nach Osten ziehen. Bald erhielten wir einige Antwortschreiben aus der Oberpfalz, was für uns spannend war. Ein besonderer Brief kam aus Böhmen. Ein Bauer schrieb uns, er hätte sich ungeheuer gefreut, einen Gruß aus dem Land der Freiheit zu erhalten, denn in Böhmen herrsche Unterdrückung. Da wurde uns beigebracht, dass wir die vaterländische Verpflichtung hätten, die Deutschböhmen zu »befreien«, was dann ja 1938 geschah. Wir erhielten als Geschenk eine Landkarte »Das Deutsche Reich nach der Heimkehr der Ostmark und des Sudetenlandes, Gewidmet von der Erdalfabrik Mainz«. Dass das der Anfang vom Ende war, ahnten nur wenige.

Im letzten Volksschuljahr erschien Kamerad Sörgel. (Seinen Vornamen weiß ich nicht mehr.) Er hatte eine Klasse übersprungen, das war möglich. Wir freundeten uns an, sein Vater, ein älterer Herr, brachte und holte ihn im Auto. An jeweils einem Nachmittag je Woche durfte ich mitfahren. Es ging die Erlanger Straße hinauf, die Sörgelsche Villa lag irgendwo in einem Park mit alten Bäumen. Ich wurde vom alten Herrn auf Herz und Nieren geprüft und für gut befunden. Die Mutter war gestorben, eine junge Haushälterin bediente uns fürstlich. Als Vesper brachte sie uns auf einem Tablett für jeden ein Glas warme Milch und ein Gebäck. Wir spielten bei Regen im Zimmer, jegliches Spielzeug war vorhanden, bei trockenem Wetter im Park, wir kletterten, schaukelten, liefen um die Wette, warfen Bälle nach verschiedenen Regeln, es war kurzweilig. Im März 1938 fuhr Herr Sörgel in die Stadt, sein Wagen wurde beschlagnahmt, es war Pech für ihn, alle Autos wurden an jenem Tag beschlagnahmt, für den Überfall auf Österreich. Er bekam eine Bescheinigung, nach dem »Anschluss« erhielt er seinen Wagen zurück: mit Tarnfarbe

Plantschbecken 1933, links Kavierlein, geradeaus Widderstraße

Walter neben Badmeister

überspritzt, verschrammt, ausgeräumt. Keine Entschädigung. Beitrag an die Volksgemeinschaft. Nach der Volksschule kamen wir auseinander, die Sörgels zogen weg.

Eine weitere Freundschaft entstand zwischen mir und einem deutschen Schüler aus Brasilien. Die Familie war nach Deutschland zurückgekehrt, weil der Vater und der älteste Sohn beim Ritt durch einen Hochwasserfluss ertrunken waren. Die Frau konnte die Farm nicht allein weiter führen. Sie war außerordentlich tüchtig, hatte eine lederne Haut, bepflanzte ein Grundstück irgendwo neben der Erlanger Straße. Der sechzehnjährige Bruder meines Schulkameraden (die Namen habe ich vergessen) hatte einen Schilddrüsenfehler, wuchs deswegen zu schnell, man operierte ihn, er konnte nicht ausgehn, hatte Herz- und Atemprobleme. Auch ein Schicksal. Die Mutter, unermüdlich optimistisch, erhoffte sich vom neuen Deutschland Wohlergehn.

In der vierten Klasse wurden die »Oberschüler«, es waren etwa ein Dutzend, mit besonderen Übungen, auch in zusätzlichen Stunden und schwierigeren Hausaufgaben, für die Aufnahmeprüfung in die »Oberschule« vorbereitet. So hieß neuerdings das Gymnasium, weil Fremdwörter eingedeutscht werden sollten. Dass »Schule« vom lateinischen »schola« herstammt, wussten die neuen Bildungshüter offenbar nicht. Das französische »Chauffeur« hieß »Fahrer«, war aber auch als »Schofför« gestattet. Für »Frisör« lernten wir Haarschneider, was sich aber nicht durchsetzte. Die Liste ist lang, manches wurde ins Deutsche übersetzt, das meiste blieb. Automobil wurde zu Auto, der Kraftwagen ist umständlich. Omnibus wurde zu Bus, und Bertram's Way wurde im Englischen zu Tramway verkürzt, im Deutschen haben wir das umständliche Straßenbahn neben Tram, früher in Berlin die »Elektrische«. Heute liebt man Abkürzungen, auch eine lange Liste.

Der Abschied von Herrn Brunner fiel uns schwer, er hatte uns zu einer verschworenen Gemeinschaft zusammengeschweißt. Von meinem Freund Rudolf erfuhr ich, Hans Brunner sei in Russland gefallen.

Was auch blieb: Härte gegen sich selbst. »Hart wie Kruppstahl, zäh wie Leder, flink wie Eidechsen«, die berüchtigten Worte. »Ein deutscher Junge weint nicht. Ein deutscher Junge lacht nicht.« Das galt als »weibisch«. (Das Lachen verging uns später von selbst.)
Meine Schwester kam 1938 ins Pestalozzischulhaus. Ihr Lesebuch begann mit einem Porträt des Führers, in Farbe, mit dem Gebet darunter: »Herr, schütze unser deutsches Land, den Führer, den du uns gesandt.« Er behauptete ja von sich selbst, er sei von der Vorsehung ausersehn. Fragt sich nur, wozu. Das erste Wort in Fraktur: »Heil Hitler!« Das nächste Bild in Farbe, gemalt, Vorbeimarsch der SA am Adolf-Hitler-Platz in Nürnberg: »Ein Zug, viele Fahnen«. Das waren die ersten Worte, die die Kleinen lesen und sprechen lernten.

Die Lehrerin fragte die Kinder: was hängt bei eurem Vater über seinem Schreibtisch? Wo kein Hitlerbild hing, schenkte sie den Kindern ein schönes farbiges: bring das deinem Vater als Geschenk, er soll es über dem Schreibtisch aufhängen. Marta kam freudestrahlend zu Vater. Da hast du ein Geschenk, du sollst es über dem Schreibtisch aufhängen! Der Vater nahm wütend das Bild, zerriss es, drückte es Marta wieder in die Hand: da, bring das deiner Lehrerin zurück. Sie heulte, er hatte ihr schönes Geschenk zerrissen. Als die Lehrerin fragte, erzählte sie natürlich, der Vater hätte sich gefreut und es aufgehängt.

Für die Aufnahmeprüfung arbeitete ich zuhause sorgfältig ein Büchlein durch, das mir meine Mutter besorgte: »Die Aufnahmeprüfung«. Erklärungen und frühere Prüfungsaufgaben, 96 Seiten, Ausgabe 1937. Herausgegeben von Dr. Otto Lankes, München, Buchners Verlag Bamberg. Eine harte Arbeit. Rechtschreiben (Diktat), Nacherzählung, Sprachlehre, Rechnen, Turnen. Da ich am Prüfungsdatum krank war, musste ich die Prüfung während der Schulzeit nachholen. War für mich leicht, nur im Turnen war ich so aufgeregt, weil der Turnlehrer ein Feldwebel war, dass ich andauernd vom Balken tapste, auf dem ich gehen sollte, wo ich doch sogar über spitze Holzzäune hüpfen konnte. Bestanden.

Das Gymnasium kostete Schulgeld: monatlich 20 Reichsmark. Die Miete in der Genossenschaft betrug 27 Mark. Das zum Vergleich. Für weitere Kinder gabs Ermäßigung, in meinem Fall 2 Mark im Monat, also 18. Das ganze Zubehör mussten die Eltern auch zahlen: Hefte, Bücher, gelegentliches Kino. Verlangt wurde eine Füllfeder, kein Tintenfass mehr.
   Nur wer genügend Geld hatte, konnte sich die höhere Bildung aneignen. Die Schule erwartete auch anständige Kleidung, also Jackett, kein Hemd oder Pullover. Kurze Hosen waren üblich, aber keine Boxeln. Und Schuhwerk natürlich, sommers waren auch Kneippsandalen gestattet.

Der Schulweg war nun bedeutend länger. Durch die Poppenreuther Straße, durch die Pegnitzwiesen, über den Karlsteg und die Königstraße. Herrschte Überschwemmung, war der Wiesenweg durch eine Schranke gesperrt, so gingen wir über die Ludwigbrücke, die Fischerstraße, über den Königsplatz (das war damals noch ein ruhiger Platz), durch die Helmstraße. Ein ziemlicher Umweg. Eines Morgens war die Schranke oben, ich stapfte also gegen den Karlsteg zu, auf einmal watete ich im Wasser, das ging mir bis zum Knie, hatte einen beträchtlichen Druck, ich vermied es, gegen den Fluss hin zu geraten, den erkannte ich an seinem reißenden Gurgeln, der Karlsteg war ja in der riesigen Wassermasse sichtbar. Ich erreichte ihn, atmete auf. War doch eine gefährliche Leistung. Schuhe und Füße trockneten in der Schule bis zum Mittag. Gingen wir zu zweit, dauerte es eine Dreiviertelstunde, allein zwanzig Minuten. Auf dem Rückweg stapften wir manchmal ein Bächlein entlang durch die Wiesen geradewegs auf die Espanstraße zu. Das gab nasse Schuhe und war verboten. Alles Spannende war verboten. Deswegen mussten wir es wagen. Im Bächlein fanden wir Kaulquappen. Störche flogen von mehreren Nestern auf alten Schloten her, fingen Frösche, hielten sie an einem Bein zappelnd im Schnabel und fütterten damit ihre Jungen. Majestätisch ruhig segelten die Störche, wenn sie bremsten, ließen sie ihre Beine herab.

Als 2001 der letzte Storchenschlot neu gemauert werden musste, beteiligte ich mich an den Kosten und hänge dafür mit vielen anderen auf einer Tafel im Hof Gustavstraße 16.

Oberschule an der Königstraße 1938. Klasse 1a. 25 Schüler von A bis M. Ich war der Vierte mit meinem D. Mein Freund Rudolf saß in Klasse 1b, denn sein Name begann mit Z. 25 Schüler von N bis Z. Er war der Letzte. Da wir nebeneinander wohnten und den gleichen Schulweg hatten, wünschten beide Eltern, wir sollten in derselben Klasse sitzen. Wurde nicht bewilligt. Keine Ausnahmen. Ordnung muss sein.

Die Oberschule folgte einem neuen Lehrplan: Physik in der ersten Klasse, Englisch erste Fremdsprache in der zweiten, Französisch in der dritten, Latein in der vierten, Griechisch gestrichen. Mehr Naturwissenschaften, eine Schule fürs Praktische, nicht fürs Geistige. Und fünf Turnfächer als Hauptfächer: Boxen, Laufen, Springen, Leibesübungen, Schwimmen.

Klasslehrer (so wurde Ordinarius übersetzt) war Dr. Helmreich. Es waren seine letzten zwei Jahre, dann ging er altershalber auf Rente. Später las ich in Hermann Glockners Erinnerungen, wie er Dr. Helmreich in seinem ersten Schuljahr erlebt hatte. Genau gleich langweilig. Dieser Lehrer hat sich nie verändert, nie etwas dazu gelernt. (»Jemand sagte zu Herrn Keuner: Sie haben sich gar nicht verändert. - O, sagte Herr Keuner, und erbleichte.«) Von seiner menschlichen Seite her war er gütig, freundlich, väterlich, in seinem Unterricht schematisch öde. Leider war sein Fach Deutsch, für mich das schönste. Aber nicht bei Poly. Es gab auch seit Generationen ein Spottlied auf ihn, das habe ich vergessen. Wir sangen es, bevor er erschien. Er war ein mächtiger Mann, mit einem gewaltigen Bierbauch, eine Weste darüber, eine goldene Uhrenkette, an der er zeitweise seine goldene Taschenuhr herauszog, wahrscheinlich ein Konfirmationsgeschenk. Zuerst nahm er aus einer seiner vielen Jacketttaschen ein vergilbtes, durch jahrzehntelanges Zusammenfalten zerfleddertes Stück Papier hervor, das musste in alfabetischer Reihenfolge jeder einmal vorlesen, es war ein langes Gebet, jeder Abschnitt fing mit »Herr« an. Es war so langweilig wie sein Träger. Hörten wir die Schlusszeile, ging ein Aufatmen durch die Klasse: »Herr, lass die Sonne deiner Gnade über uns scheinen. Amen.« Sorgfältig legte er das alte Papier - vielleicht auch ein Konfirmationsgeschenk - zusammen und schob es in die entsprechende Tasche. Dann begann der Unterricht. Immerhin ließ er das weg, was eigentlich Vorschrift war: jede Stunde musste mit einem HH beginnen, auf das die Schüler ebenfalls mit HH antworteten und alle jeweils den Arm mit geöffneter Hand ausstreckten.

Ein Unterrichtsbeispiel: Ein Gedicht war auswendig zu lernen und in der Stunde aufzusagen. In alfabetischer Reihenfolge marschierten wir einzeln nach vorn, stellten uns vor das erhöhte Pult, hinter dem Poly saß - meine Augen waren gerade noch über dem Pultrand - und rasselten den Text so schnell als möglich herunter - heute wäre das Rapp, damals war es die Geschwindigkeit, die zählte. Eine Strofe kann ich heute noch auswendig: »Der Gott, der Eisen wachsen ließ, der wollte keine Knechte ...« (Ich könnte es auch singen, aber das war nicht gefragt, nur Rasseln und Nichtsteckenbleiben.) Hatte man seine Pflicht getan, konnte man sich anderweitig beschäftigen, bis alle dran waren.

Poly war ordnungsliebend. Das gab uns die Idee für einen Streich. Die Türe zum Klasszimmer war hinten, vorne war leerer Raum bis zum Pult. Majestätisch schritt Poly von hinten nach vorn. Wir hatten mitten auf den Bretterboden einen Schwamm hingelegt. Poly stutzte, bückte sich, hob ihn auf, er entglitt ihm. Da war ein schwarzer Faden dran, den er nicht sah, der Schüler links vorn hatte daran gezogen. Er bückte sich nochmals, hob ihn nochmals auf, der Schüler zog wieder, jetzt merkte Poly etwas, fand den Faden, ging ihm nach, herrschte den Schüler an: »Du Hundsfott!« (Sein Lieblingsschimpfwort). Der sagte den allgemeinen Schülerspruch: »Ich bin es nicht gewesen.« Denn der Faden ging nach hinten. Der Letzte war ich. »Du Hundsfott!« - »Ich bin es nicht gewesen.« Denn der Faden lief neben der mittleren Reihe wieder nach vorn. Von Physik verstand Poly nichts. Der Faden lief durch die ganze Klasse. Also wurde die ganze Klasse bestraft. Kollektiv. Bis der Hundsfott sich melden würde. Das tat er nicht. Die Strafe war nahrhaft: das ganze Jahr am freien Mittwochnachmittag nachsitzen von zwei bis sechs. Poly diktierte irgend einen Text, wir mussten senkrechte Trennungsstriche hineinsetzen. Vier Stunden lang dasselbe, ein ganzes Jahr lang. Was für ein ideenloser Lehrer! Es schweißte aber die Klasse zusammen.

Ein zweiter Streich: jemand kaufte im katholischen Laden Weihrauchkörner. Wir stellten das trockene Schwammbecken ins Ofenfach, zerrissen ein Heft, legten die Körner darauf, zündeten es an. Als die Weihrauchschwaden so richtig durch das Zimmer quollen, kam Poly herein, stutzte, befahl die Fenster zu öffnen, und der Unterricht fand in der Winterkälte statt. Offenbar genoss er es, sich selber mitzustrafen. Die Strafe war wieder kollektiv, aber ich habe sie vergessen. Der Streich war wichtig.

An das Fach Geschichte habe ich keine Erinnerung, es wird uns Poly wohl gelangweilt haben. Namen und Jahreszahlen, wie üblich. Nehmt das Buch und unterstreicht, was ich sage.
Geschichte erfuhr ich von meinem Vater auf Spaziergängen durch Fürth und Nürnberg, und das war spannend. So blieb ich nicht ungebildet.

Englisch gab Dr. Rühfel. Wir mussten einen Bleistift quer zum Mund mit den Lippen halten, um die gutturale Aussprache zu üben. Ihn verstand man kaum, auch ohne Bleistift. Im Schulbuch stand der Satz: »The 'Anna Maria' is entering the Thames.« Märaiä hatten wir endlos zu wiederholen, hinten im Hals, nicht fränkisch vorn auf den Lippen. In alfabetischer Reihenfolge. Nun ja, langsam näherten wir uns als deutscher Pimpf dem Tower of London. I am a German child, war der wichtigste Satz. Wir lernten ihn auswendig.

Im zweiten Jahr übernahm uns Herr Pritzl, weil Herr Rühfel uns zu mühsam fand. Bei Pritzl lief alles wie geschmiert, er war jung und verstand junge Menschen.

Herr Leitl war zuständig für Natur- und Erdkunde. Wir gingen häufig aus dem Schulhaus, besichtigten den kleinen Schulgarten, Wald und Feld, das war angenehm. Im Zimmer hob er seinen Arm, wie übrigens der Führer selber auch, wenn er stehend im Auto durch die bewachte Menge fuhr, nur abgewinkelt, und seine Hand blieb schlaff. Dazu murmelte er etwas. Er lehrte durch Anschauung. So war Rassenkunde vorgeschrieben, wir lasen, was im Buch stand, dann vermaßen wir unsere Häupter, verglichen, stellten fest, dass sowohl die nordische, wie die ostische nicht klar zu unterscheiden waren. Ich gehörte trotz meinem Großvater aus Wismar nicht der nordischen, sondern der ostischen Rasse an: Gedrungene Gestalt, rundlicher Kopf, Arme und Beine zehn Zentimeter zu kurz, gegenüber der nordischen Idealgestalt, zu der übrigens auch die Griechen gehören, denn sie sind »eingewanderte dorische Germanen«. Solches lernten wir in gegenseitiger Anschauung mit viel Gelächter, ich glaube, der Leitl lachte innerlich mit und lehrte uns heimlich die Absurdität dieser Theorien.

Adenauer und Tante Hanna aus Bühl trugen deutlich mongolische Gesichtszüge, Überbleibsel der Mongolenstürme im Mittelalter? Noch heute kann ich meine Gesichtsmuskeln zu einem mongolischen Ausdruck spielen lassen.

Besonders gern hatten wir Physik, das war keine mathematische Berechnungsstunde, sondern wieder experimentelle Anschauung. Ich erinnere mich nur schwach an Einzelheiten, jedenfalls bildeten wir Gruppen und lernten, wie man das spezifische Gewicht eines Steines in einem Glas Wasser bestimmt. Abwechslungsreich.

Leibeserziehung war hart, an Barren und Reck wurde jede Übung solange wiederholt, bis auch der Plumpste den Völkaufschwung und den Sprung über das Pferd beherrschte. Boxen mit Boxhandschuhen war ein eigenes Fach, wir schlugen nicht ins Gesicht und nicht in die Weichteile, nur auf Brust und Arme.

Das kam mir später zugute, als ich, zwar ohne Handschuhe und ohne alle Regeln mich durchs Schülerleben in einem feindseligen Land durchboxen musste. Ich hatte gelernt einzustecken und trotzig auszuteilen.

Vor den Sommerferien 1939 erklärte der Lehrer, nach den Ferien - sie dauerten ja wegen des Reichsparteitages jeweils bis Ende September, weil die Schulhäuser als Herbergen für die SA, die aus allen Gauen zusammenströmte, benützt wurden - jeder Schüler müsse schwimmen können, es gäbe eine Prüfung, und die zähle. So einfach war das, die halbe Klasse konnte nicht schwimmen, und jeder sollte das auf eigene Weise lernen.

Aber der Krieg brach aus, und ich lernte am Rhein schwimmen, durch einen anderen Lehrer.

Ans Rechnen habe ich nicht die geringste Erinnerung, das lief logisch und klar seinen trockenen Gang, war leicht und flüssig zu durchstreichen. Außer dass Herr Hennemann verlangte, wir müssten nicht nur das kleine, sondern auch das große Einmaleins können. In einer Woche sollten wir es zuhause gelernt haben, es gab eine schriftliche Prüfung, meine einzige ungenügende Note in Mathematik, denn ich hatte das nicht gelernt, weil ich es unnötig fand, kann es auch heute noch nicht, habe es nie gebraucht und im Zeitalter des Rechners braucht das niemand mehr.

Herr Hennemann war ein Befehlshaber. Sein HH schmetterte er, nachdem wir - rums - aus der Bank heraus Habt-Acht-Stellung angenommen hatten, und wir brüllten ebenso laut zurück. Als ein Schüler in der letzten Bank seinem Nachbarn etwas zuraunte, orderte ihn Herr Hennemann nach vorn, haute ihm eine Ohrfeige, dass er durch das ganze Zimmer flog und an die Wand donnerte. Wir begriffen, es herrschte Grabesruhe in Rechenstunden.

Hennemann kehrte aus dem Krieg zurück, wurde aber wegen Teilnahme an Wehrmachtsverbrechen 1947 entlassen, hörte ich später.

Singen - mein Lieblingsfach. Wir sangen ja tausend Melodien in der Familie, zuhause und unterwegs, das war Seelennahrung. Jetzt wurde es ernster, erwachsener, auch nationaler. »Bayerisches Liederbuch für höhere Schulen herausgegeben von der Fachgruppe Musik in der Fachschaft II des NSLB« war unsere Grundlage. Es enthält auch Kompositionen und

Setzungen meines Komponisten von 1934. Ein geistiges Wiedersehen. Die sang ich nicht. Sonst, vor allem im Exil, alle übrigen.

Aber wir sangen auch anderes. An einem Konzert aus dem Augsburger Tafelkonfekt 1777: »Was mag doch diese Welt an ihrer Schönheit hangen, wo alle Macht zerfällt, und sollts am Himmel hangen«. Aus der Historie in die Gegenwart gedacht. Mir fiel ein Solopart zu, was mich freute. Ich hatte eine kräftige helle Knabenstimme, ich höre sie heute noch in mir singen, aber ich kann sie nicht mehr wiedergeben, was mich ein wenig wehmütig stimmt, aber dem Lebensgesetz von Wachsen und Welken entrinnt niemand. Immerhin erhielt ich vom Schicksal einen angenehmen Bass-Bariton und fand damit auch Freude, »Im tiefen Keller« bis »In diesen heilgen Hallen«.

Der Musiklehrer gab mir auch privat Gesangsunterricht, weil er mich für einen Knabenchor empfahl, wie die Regensburger Domspatzen oder sogar die Wiener Sängerknaben. Aber mir genügte die Freude am Singen, die mich noch heute erfreut.

Die Schule bot unentgeltlichen Musikunterricht an. So kauften mir meine Eltern in Nürnberg eine Mittenwaldgeige, auf der ich anderthalb Jahre zum Üben kam. Der Anfang war enttäuschend: nur Turnübung, wie man die Geige mit dem Kinn hält und den Arm nach hinten abwinkelt. Aber dann gings los, kratzend und sägend zuerst, dann sachte und gefühlvoll.

Zeichenlehrer war Schwarz, ein freundlicher Mann, er ließ uns gewähren. Das Fach hieß damals noch Zeichnen. Wir zeichneten auch - ich war nicht sonderlich begabt - , aber die Landkarte von Afrika herzustellen gefiel mir. Ich liebte Landkarten, schaute die umfangreiche Sammlung meines Vaters stundenlang an und las die verheißungsvollen Namen, eine Weltsprache für sich. Unsere Afrikakarte enthielt die Grenzen von 1938, sie wurden mittels einer breiten Redisfeder mit schwarzer Tusche deutlich nachgezeichnet. Die ehemals deutschen Kolonien wurden rot koloriert, die der anderen europäischen Mächte in verschiedenen Farben. Zugleich wurden wir über das Unrecht von Versailles aufgeklärt, dass die Deutschen mit ihren kolonialen Untertanen nicht umgehen könnten und deswegen Franzosen und vor allem Engländer die armen Neger von der Tyrannei erlösten. Genau umgekehrt war es, hörten wir.

Zeichnen war die letzte Doppelstunde in der Woche, samstags 10 bis 12. Vom zweiten Stock aus konnte ich sehnsüchtig über die Pegnitzwiesen hinweg zum Espan hinüberschauen: bald würde ich vom Sitzzwang erlöst in die Freiheit eilen.

Das Gymnasium verlangte anständige Kleidung. Mir wurde bei Fiedler ein dunkelblauer Bleyleanzug gekauft, der war rau und juckte ein wenig, wenn er die Haut berührte. Ebenfalls störten mich die schafwollenen Winterkniestrümpfe.

Früher trugen wir Jungens ein Unterkleid mit Knöpfen, im Winter hingen lange Strümpfe an Druckknöpfen, eine mühsame, bewegungshemmende Unterwäsche. Mit zehn Jahren wurde sie zweiteilig: Unterhosen und ärmelloses Leibchen. Auf dem Kopf saß eine dunkle Schildmütze, daran waren wir als Gymnasiasten kenntlich. An der unteren Königstraße kam ich vom Schöll her einmal auf der rechten Seite, auf der linken wanderte ein Kamerad, der mich mit einem Spiegel blendete. Ich warnte ihn, er hörte natürlich nicht auf, ich rannte über die Straße und raufte ihm den Spiegel weg. Da packte mich eine Hand am Kragen: Wer ist euer Ordinarius? fragte ein älterer Herr. - Wir haben keinen Ordinarius, entgegnete ich. (Der hieß ja jetzt Klasslehrer). Da ließ er ab, ermahnte uns, wir sollten uns anständig benehmen, raufen gibts nicht unter Gymnasiasten.

Ebenfalls waren Duelle verboten. Die führten wir aber dennoch durch. Die Klasse versammelte sich unten am Karlssteg auf einer Wiese, stand im geschlossenen Kreis, die Duellanten hatten Weisung, nicht in die Weichteile und nicht ins Gesicht zu schlagen. Also die Boxvorschriften wie in der Volksschule. Einmal war mein Gegner Rudolf, den Grund weiß ich nicht mehr, er forderte mich, war beleidigt, ich sprang ihn an, weil er größer und stärker war, warf ihn um, er hatte den Arm gebrochen, das Duell wurde als vollendet erklärt, Rudolf trollte sich, den Schmerz verbeißend, nachhause. Wieder waren wir aneinander geraten, mochten uns aber dennoch.

Eine andere Forderung kam von zwei Brüdern, die »deutschgläubig« waren, weil ich nicht in der Hitlerjugend war. Die waren stark, sportlich, keine Aussicht auf Sieg. Also wieder ein Sprung, beide hatten wir uns im Schwitzkasten. Standen wie zwei Stiere unbewegt, ich hielt stand. Abbruch: unentschieden. Dann sprang ich den Bruder an - dasselbe Ergebnis. Zwei andere Brüder waren ebenfalls nicht beim Jungvolk, die kamen ein anderes Mal dran. Nach dem Kampf war ich immerhin als stark anerkannt, und die beiden redeten eifrig auf mich ein, warum ich mich denn abseits hielte, ich würde mich mit meinem Trotz doch eignen. Der Vater? Der hat doch nichts zu sagen, komm zu uns, und lass es ihn nicht merken. Das traute ich mich nicht, ich liebte doch meinen Vater, und zuhause fühlte ich mich beschützt und übernahm seine Ansichten.

Streng verboten, in der Schule und zuhause, war das Rauchen. Alle Männer rauchten Zigaretten, und wir Knäblein ahmten das nach. Mit acht sog ich an meiner ersten Zigarette, sie schmeckte mir gar nicht, aber es war verboten, also musste es sein. Da ich kein Taschengeld bekam, war ich von einem Kameraden abhängig, meistens waren wir zu dritt. Wir kauften beim Zinnbauer am Kavierlein in seinem Barackenladen eine Schachtel Blauweiß, vier Zigaretten für vier Pfennige, die billigsten. Der Käufer rauchte zwei, wir anderen jeder eine. Abends mussten wir an den Vätern vorbei und sie anhauchen, da rochen sies, und wir kriegten Hiebe. Später, als wir mit dem Rad weiter weg fahren konnten, fanden wir heraus, wie wir nicht mehr rochen: wir nahmen Ackererde, drehten sie im Mund umher, dann rochen wir nach Acker. Eine Glanzidee. Eines freien Nachmittags lagen wir auf einem Kanalhügel, freuten uns des Raucherlebens, da sehe ich Poly mit seiner Frau daher spazieren. Er war groß und rund, sie klein und rund. In Deckung, rief ich, wir hörten auf zu paffen, warteten bis die Gefahr vorbei war, dann frönten wir wieder unserem verbotenen Genuss.

Als ich sechzehn war, sagte mir meine Mutter, ich dürfe jetzt rauchen, ich sei jetzt ein Mann.

Ich hatte jedoch nicht die geringste Lust. Erst mit fünfundzwanzig, als ich in Cambridge in England lebte, lernte ich es, Pfeife zu rauchen, das war dort unter Intellektuellen Sitte. Die Pfeife ist mir geblieben.

Die Schule bot uns in ihrer modernen Art auch den Genuss einiger Spielfilme im Kino Alhambra an der Pfisterstraße. Das liebten wir. Es waren natürlich erzieherische Streifen, so etwa der Olympiafilm von Leni Riefenstahl. Eine Szene fanden wir herrlich: als ein deutscher Staffelläufer seinen Stab verlor, stampfte der Führer wie ein zorniger kleiner Junge mit dem Stiefel auf sein Podium, da waren wir schadenfreudig. »Dreizehn Mann und eine Kanone«, ein Kriegsfilm von Verrat und Treue, ist mir in Erinnerung, und ein amerikanischer Kriegsfilm mit einem Piloten, der in der Luft auf einen Flügel seiner Maschine klettert, und zwar sein Leben verliert, aber alles rettet. Schüler einer oberen Klasse warfen einmal während der Vorführung eine Stinkbombe, da mussten wir alle den Raum schleunigst verlassen und ins Freie laufen, es stank bestialisch. Wir Kleinen waren gar nicht erfreut, hätten gern den Film gesehen, der uns nun vorenthalten blieb. Die bösen Großen haben sich dann später gemeldet und gebüßt, aber den Film sahen wir nie mehr.

In schönster Erinnerung ist mir der Fahnenaufzug geblieben. Zweimal nach den Ferien standen wir in Formation klassenweise vor dem Schulhaus an der Königstraße, hörten feierliche Reden an, die wir nicht verstanden, sangen die üblichen Hymnen, »von der Maas bis an die Memel« und »Es schaun aufs Hakenkreuz voll Hoffnung schon Millionen«, aber dann schmetterten wir mein Lieblingslied: »Auf hebt unsre Fahnen in den frischen Morgenwind« in seinem Fanfarenton. Der restliche Text war üblich, aber diese erste Zeile erhob uns zu einem frohen Schulanfang. Derweil wurde die Fahne hochgezogen. Und die erste Lektion war vorbei. Aber der Schulbeginn nach den Ferien war eine Lust.

Schulausflüge sind immer erfreulich. In Erinnerung blieb mir die Wanderung nach Burgthann und Altdorf. Im Wald bei Burgthann kehrten wir in einer einfachen Wirtschaft ein, dh der Lehrer aß, wie ers gewohnt war, ein Mittagessen drinnen, ohne Störung durch die Schüler, während wir unser Mitgebrachtes aus den Rucksäcken klaubten und an rauen Holztischen unter Bäumen im Schatten saßen.

Der schönste Ausflug fand im Mai 1939 statt: die ganze Schule fuhr Richtung Main, die jüngeren marschierten ein Stück Weges gegen Ochsenfurth, die älteren fuhren zuletzt auf dem Main nach Ochsenfurth. Nach der Mittagsrast wurde gewechselt: die älteren marschierten die letzten fünfzehn Kilometer nach Würzburg, die jüngeren bestiegen das Schiff und fuhren den Main hinunter. Und wir sangen! Beim Marschieren und auf dem Schiff! Die Sonne schien, die liebliche Weinberglandschaft zog vorbei, Franken war das Paradies! Wir wurden fotografiert, bestellten nachher, zahlten voraus, erhielten nichts. Das war die Wirklichkeit. Der Krieg brach aus und zerstörte alles.

Im Mai 1939, in der zweiten Klasse, wurde ich aus einer Schulstunde zum Direktor gerufen, warum weiß ich nicht mehr. Er herrschte mich an: Kannst du nicht Habt-Acht-Stellung annehmen, wenn du mit dem Direktor sprichst? Hast du das nicht in der Hitlerjugend gelernt? - Verzeihung, Herr Direktor, ich bin nicht in der Hitlerjugend. - Waaas? Eine Memme können wir nicht brauchen. Pack deine Sachen und verschwinde! - Freudig rannte ich zum Klasszimmer, riss, ohne zu klopfen, die Türe auf, rief: Ich bin aus der Schule geworfen! - Packte meine Sachen, rannte hinaus, warf die Türe zu: Ende Schule! Marschierte zügig heim, berichtete alles meiner Mutter, ging in den Garten spielen. Als abends mein Vater die Geschichte vernahm, brüllte er zornig, er komme morgen mit. Um dreiviertel acht waren wir vor dem Direktorat, Vater hieß mich warten, ich hörte eine Stunde lang Gebrüll, beide Löwen brüllten, ich war etwas bang, war gespannt auf das Ergebnis: Vater riss die Türe auf, kam roten Kopfes heraus, sagte ruhig zu mir: Geh in die Klasse, du bleibst. Ich war von meinem Vater begeistert, er war ein Held, hatte den Feldwebeldirektor besiegt. Nun wars wieder aus mit dem Spielen, ich ging, höflich anklopfend, ins Klasszimmer zurück: da bin ich wieder.

## Die Umwelt

Da gab es die schönen Seiten des Gemeinschaftslebens, wenn auch nicht mehr für alle, zb die Michaelis-Kärwa. Das erhaltene Geld musste ich gut einteilen. Da waren Buden, wie die mit der dicksten Frau der Welt, man durfte ihre Arme berühren, sie war ungeheuer umfangreich. Eine andere war wie ein Tier behaart, man durfte ihren Rücken streicheln. Oder die hypnotisierte Frau, die tat, was der Hypnotiseur befahl. Oder der Messerwerfer, der die wenig Bekleidete auf einem drehbaren Rad mit Wurfmessern umrandete. Auch ein Liliputanerpaar mit dünnen Stimmchen stellte sich vor. Ein dressiertes Äffchen stolzierte wackelig aufrecht, wie ein Püppchen bekleidet. Und was der merkwürdigen Wesen mehr war.

In einem Kasperletheater gabs klassische Kasperlestücke, wobei die Kinder den Kasperle vor Gefahren laut warnten. Auch der Eppelein von Geilingen stellte sich in einem Puppentheater vor, war aber langfädig.

Die laut orgelnden Karussells kosteten je nach Alter fünf oder zehn Pfennige. Das Kettenkarussell zog am meisten. Oder auf dem Königplatz die große Raupe, die zeitweise unter einem Stoffdach verschwand. Aber auch das Feuerwehrauto mit der Glocke oder das Motorrad mit der Lenkstange waren für uns noch anziehend.

Wichtig war eine Semmel mit Brathering, mit saurem Hering, mit Lachs, mit »Dra in an Weggla«. Und Türkenhonig, Dampfnudeln, Magenmorsellen in allerlei Farben.

Sogar ein äußerst billiges Taschenmesser aus Japan erstand ich einmal beim Billigen Jakob. Der war mit seinem fröhlichen Mundwerk die Attraktion für viele.

Unten am Karlsteg, auf einer meist feuchten Wiese, standen auf Bretterboden die Zelte der Heringsbrater. Das war teurer, also nur mit dem Vater zu genießen. Da saßen die Boxelmänner mit ihren Sprösslingen, tranken Maß um Maß, und ließen sich die gebratenen Heringe samt ihrem Duft schmecken. Ein verbotener Witz machte die Runde: »Der Heringsbrater ruft: Dicke, fette Hering, so dick und fett wie der Geering. Er wird verhaftet. Nach zwei Wochen ist er wieder draußen. Jetzt ruft er: Dicke, fette Hering, so dick wie vor vierzehn Dong.«

Auf dem Schießanger fand Ende Juni die Johanniskärwa statt. Da warfen die Unternehmungslustigen Ringe auf viereckige Holzklötze, brachten sie aber nicht drüber. Der Budenbesitzer machte es vor, seine Ringe waren wohl etwas breiter. Ein Glücksrad drehte sich, der Budiker hatte aber einen Fuß auf der Bremse. Mit einem Luftgewehr schossen junge Männer auf Tonröhren, nur war der Lauf etwas gekrümmt. Einmal traf ein gewiefter Schütze mit jedem Schuss, der hatte den Trick erkannt. Der Budenmann nahm ihn beiseite, schenkte ihm den Hauptgewinn, einen riesigen Stoffbären, und bat ihn, von weiterem Schießen abzusehen. Zuschauen war spannender als teilnehmen und kostete nichts.

Zudem gabs anschließend die Poppenreuther Kärwa, von der habe ich Dampfnudeln in Erinnerung, Türkenhonig, und japanische Papierblumen, die aufgingen, wenn man die beiden Holzstäbchen in die Luft hieb.

In der Nähe der Stadtgrenze breitete sich im Frühling das Nürnberger Volksfest aus, aber das war umfangreich, teurer, also mehr für die Großen.

Das Sommerfest der Genossenschaft war einzigartig. Viele Helfer bereiteten es vor und stellten sich als Leiter zur Verfügung. Auf dem Spielplatz war Eierlaufen, Sackhüpfen, Wettlaufen, für Kinder und für Erwachsene. Abends zogen alle im Viereck durch Widder- und Georgenstraße mit Laternen und Fackeln. »Laterne, Laterne, Sonne, Mond und Sterne« sangen die Kinder. Immer und überall wurde gesungen. Das gibts heute im Zeitalter der Dosen- und Funkmusik nicht mehr.

Vor der Restauration Kriegerheimstätte fand der Betzentanz statt, eine Gaudi. Die Gewinner hatten dann viel zu essen und luden ihre Freunde dazu ein.

Witzige Reden wurden gehalten, noch viel mehr war los, ich habe vor allem den anregenden Rummel in Erinnerung.

Die Vorbereitungen für einen Krieg waren nicht zu übersehen. Natürlich der Kampf für Gerechtigkeit und Freiheit, Wiederherstellung der Grenzen von 1914, Wiederherstellung des Römischen Reiches Deutscher Nation, nicht mehr heilig, sondern germanisch-herrenrassisch. Das Dritte Reich sollte letztlich die ganze Erde beherrschen.

In der näheren Umgebung, die Rudolf und ich auf dem Fahrrad erkundeten, entdeckten wir, mit Freude und angenehmem Schaudern, da und dort Flak, getarnt durch aufgeschüttete Erde, lauter neue Hügel rings um Nürnberg. Der Ausdruck »Langrohrgeschütz« kam in unseren Wortschatz, wir wendeten ihn auch scherzhaft für einen großgewachsenen Mitschüler an.

Im Keller wurde von einigen Männern eine Folienaufschrift angebracht: »Luftschutzraum für 18 Personen«. So einfach wurde aus unserem Keller ein Luftschutzraum: ein Wort genügte.

Göring - einst kurzfristig Schüler des Fürther Gymnasiums - versprach, kein einziges feindliches Flugzeug käme je in die Deutsche Reichsluft. Dennoch übten die neuen schnellen röhrenden Messerschmitt-Jagdflieger häufig im Nürnberg-Fürther Tiefhimmel und waren bei den Jungens anerkennend beliebt: uns kann nichts geschehen, wir sind gerüstet, wir siegen.

Durch einen Anwohner, der in einem Rüstungswerk arbeitete, kam das Gerücht unter die Leute: im Neunhofer Forst würden Giftgasgranaten heimlich in unterirdischen Bunkern gelagert. Ebenfalls eine Kriegsbereitschaft, aus dem Ersten Weltkrieg übernommen.

Ich habe auch später nie etwas Konkretes darüber gehört, vielleicht lagern sie immer noch unter dem Waldboden, vielleicht existieren sie bloß als Hirngespinst.

Immerhin übten Belegschaften in größeren Fabriken Luftschutz mit Gasmasken, so zb in den Nürnberger Siemens-Schuckert-Werken.

Als der Krieg ausbrach, waren die Rationierungsscheine schon gedruckt.

Viele Menschen betrachteten das ungewöhnliche Nordlicht 1938 als Warnung vor dem Krieg. Meine Eltern sahen es auf dem Heimweg vom Theater: der ganze Himmel war blutrot gefärbt. Mein Vater fand das eine spannende astro-physikalische Erscheinung, meine Mutter einen Hinweis auf eine kommende Katastrofe. Die Katatrofe kam, das Blutbad auch, das Nordlicht wiederholte sich 1939 und 1941. Seither sind die Lichtschwankungen geringer.

Jede Diktatur feiert Feste. Der Nationalfeiertag am 1. Mai, der Heldengedenktag am 9. November, und der und jener Extrafeiertag durchs Jahr gehörten zur »Kraft durch Freude«.
 Jede Diktatur teilt das Volk in Freunde und Feinde ein. Das Volk muss überwacht, die Feinde müssen ausgemerzt werden.

1933 verschwanden die etwa sechzig alten Länder mit ihren Parlamenten, statt ihrer wurden zunächst vierundzwanzig Gaue eingeführt, jeder von einem Gauleiter diktatorisch regiert. Diese wurden nicht gewählt, sondern von der Reichsregierung eingesetzt. Im Kleinen wachten der Zell- und der Blockwart über das Volk. In die Wohnung oben rechts zog der neue Zellwart in unser Haus ein. Wer da auszog oder ausziehen musste, weiß ich nicht. Er war Parteigenosse und überwachte die Bewohner linientreu. So ging er von Tür zu Tür mit einer Liste, in der sich jede Familie eintragen musste. Schrieb meine Mutter 1 RM, wies sie der Zellwart sanft darauf hin, dass sie doch auch 2 RM für die frierenden Volksgenossen opfern könnte. Zumal einmal im Monat Eintopf zu essen war, um die Kosten einzusparen.
 An staatlichen Festtagen musste beflaggt werden. Alle Straßen hingen voller Hakenkreuzfahnen, anfangs war auch

Schwarzweißrot noch erlaubt. Dagegen hatte mein Vater nichts, denn es waren die Farben des Deutschen Reiches und der Weimarer Republik. Aber ein Hakenkreuz kommt mir nicht ins Haus, wetterte er. Einmal erschien der Zellwart an der Wohnungstüre: wo ist Ihre Fahne, Frau Dellers? Meine Mutter, ängstlich, stammelte: sie ist schmutzig, ich muss sie waschen. Aber dalli, mauzte der Zellwart. So eilte meine Mutter in die Stadt, kaufte eine große Hängefahne, ließ sie aus dem Fenster fallen, mir gefiel sie. Als mein Vater nachhause kam und von einem prächtigen Hakenkreuz empfangen wurde, schimpfte er mit meiner Mutter, riss die Fahne ins Zimmer, verbot weiteres Beflaggen. Meine Mutter versuchte vergeblich, ihm die Gefährlichkeit seines widerspenstigen Handelns klar zu machen. So hing fortan an Festtagen die geforderte Fahne, wenn mein Vater abwesend war.

Die Straße überwachte der Blockwart. Den kannte ich nicht. SA-Männer liefen manchmal wichtigtuerisch in ihren Uniformen umher, aber eine große Anzahl waren es hier nicht. Viele Bewohner waren Sozialisten, also Diktaturgegner, aber die wurden durch Angst in Schach gehalten. Gab es Volksbefragungen, musste das Ergebnis 99 Prozent ausmachen. Manchmal waren die Stimmzettel gekennzeichnet, also wurde bekannt, wer mit Nein gestimmt hatte. Da und dort wurden dann bedrohliche Zusammenrottungen auf der Straße vor dem Haus eines Volksfeindes organisiert, etwa vor unserem, aber geschehen ist nichts. Die Drohung mit dem Volkszorn genügte vorderhand. Der ganze Espan wurde aufgeklärt, was mit einem Volksschädling geschieht: Frisör Röschlau erzählte beim Haarschneiden, nach seiner Gewohnheit, die neuesten Witze. Ein Zuträger verpfiff ihn. Sein Salon an der Wiesenstraße wurde ihm weggenommen, den erhielt ein schüchterner Parteigenosse mit Familie. Röschlau verschwand ein Jahr im Konzentrationslager Dachau und kehrte ausgemergelt, stumm, zurück. Das sahen alle, und wussten jetzt, was Dachau bedeutet. Freunde erstellten eine Baracke, die Hälfte der Bewohner ging nun zu Röschlau, die andere zum Neuen.

Nachmittags gingen junge Mütter mit ihren Kindern »An den Gärten« spazieren, die Pegnitzwiesen entlang bis zum Pappelsteig, oder weiter bis zur Ludwigsquelle. Manchmal setzten sie sich auf eine Bank und plauderten miteinander. Regelmäßig erschien ein merkwürdiger Mann, er hatte keine Unterarme und Unterschenkel mehr, stattdessen waren an seinen Ellbogen und Knien runde Scheiben mit Lederriemen angeschnallt, unten Holz, oben Leder. So stapfte er auf allen Vieren den Weg entlang, sah aus wie ein lahmer Hund, hob selten bittend den Kopf, sammelte mitleidige Münzen ein, bekam reichlich. Ich fragte meine Mutter: wer ist das? Das ist ein armer Mann, der im Krieg Hände und Füße verloren hat, jetzt kann er nur noch kriechen und betteln, ein Kriegskrüppel. - 1933 erschien er nicht mehr, niemand vermisste ihn. Krieg galt wieder als wichtig, als heldenhaft. Da passte ein Krüppel nicht mehr hin. Um die Methoden kümmerte man sich nicht, Ordnung muss sein. Der »Führer« hilft auch den versehrten Helden.

Ich war sechs Jahre alt, in der ersten Klasse im Pestalozzischulhaus. Eines Morgens stapfen wir nach Öffnung des Schulportals die Treppe zum ersten Stock hinauf. Die Türe zum Klasszimmer vor dem unseren steht offen, einige Schüler weinen, drinnen liegt die Leiche des Lehrers Reutter, Wände und

Böden sind mit Blut bespritzt. Er hatte sich in der Nacht von Sonntag auf Montag in seinem Unterrichtszimmer mit seiner Offizierspistole erschossen. Grund: es war Sozialist, deshalb entlassen worden, war Offizier im Ersten Weltkrieg gewesen, wollte ein Zeichen setzen. Eine Tragödie, für die Schüler furchtbar, für die Kollegen entsetzlich, für die Behörden peinlich. Genützt hat es der Öffentlichkeit nichts, ihm hingegen wurde vielleicht das Konzentrationslager Dachau erspart.

In der Stadt standen hier und dort SA-Männer Wache vor Hauseingängen. Da war es mir mit sechs Jahren eine Spielfreude, mich vor einen solchen Braunen hinzustellen, die Hand zu erheben und HH zu brüllen. Denn er musste jetzt auf die gleiche Weise zurückgrüßen. Das genoss ich, als ob es eine Spieluhr wäre. Ein erwachsener dicker Mann grüßt mich und lächelt dazu.

Auf dem Spielplatz hinter den Gärten unserer Straße wurde ein hoher Holzmast errichtet und von seiner Spitze wurden Drähte gezogen, einer kam an unser Wohnzimmerfenster und fand seinen Weg zum neuen großen Radio meines Vaters. Das war die Gemeinschaftsantenne für Mittelwelle, damit jeder Volksgenosse die Reden des »Führers« hören konnte. Da aber noch lange nicht alle einen Apparat besaßen und der Volksempfänger noch nicht auf dem Markt war, wurden die Reden öffentlich übertragen. So brüllte es immer wieder einmal stundenlang über die Gegend, mit ein bisschen Marschmusik durchsetzt, ich verstand nichts, aber es gefiel mir, weil es so laut war.

Spannend waren für mich die Reichsparteitage in Nürnberg, zu denen mich mein Vater mitnahm. Da wurde viel geboten, kühne Kradfahrer standen Kopf oder sprangen während der Fahrt ab und auf, es war Gepränge, Fanfaren, Zack-zack-Reden, Marschmusik ohne Ende. Den »Führer« sah ich nur einmal, er stand im Wagen, hielt seinen Arm abgewinkelt und fuhr eher rasch. Die Menschen gewöhnten sich daran, dass angegebene Routen immer wieder geändert wurden, aus Furcht vor Attentaten. Vor der Menschenmenge am Straßenrand stand SS, mit einer Lederkoppel zwischen den Männern, und hinter der Menge stand eine gleiche enge schwarze Reihe. Schärfste Bewachung.

Etwas ganz Schönes gefiel mir besonders: am Plärrer war ein rundes Wartehaus errichtet worden, da konnte man für zehn Pfennige aus vielen verschiedenen Automaten ein belegtes Brötchen herauslassen.

Eindrücklich war der Vorbeimarsch aller Uniformierten Organisationen des NS-Staates. SA-Männer aus allen Gauen zeigten sich marschierend, fünf Stunden lang für ausdauernde Zuschauer, manch einer machte in der Hitze schlapp, Helfer reichten Tee, Wasser, belegte Brote, männliches Durchhalten war gefragt. Die »Arbeiter der Faust und die Arbeiter der Stirn« galten als ebenbürtig, wenn nur »die Reihen dicht geschlossen« waren.

Nach dem Krieg stellte ich mich - was heute alle Touristen tun - auf die Führerkanzel und begriff den Größenwahn, der einen engkopfigen Menschen packen muss: er steht als einzelner da, gibt Kommandos; soweit er blicken kann, reagieren alle Menschen bis ans Ende der Welt (seiner Welt). Er bezeichnete sich ja als »Werkzeug der Vorsehung«, was auch stimmte, wenn auch andersherum, biblisch ausgedrückt: »Geißel der Menschheit«.

Auf dem Espan wurde der Vorstand der Wohnungsgenossenschaft, sofern er nicht parteizugehörig war, 1933 ausgewechselt. Herr Zinnbauer ist mir in Erinnerung, er bestritt jetzt seinen Lebensunterhalt durch einen Allerweltsladen, der für ihn am Kavierlein in einer Bretterbude errichtet wurde, von der Georgenstraße aus gut sichtbar. Wer zu ihm hielt, kaufte bei ihm ein.

Trotz dem Konkordat zwischen dem Deutschen Reich und dem Vatikan wurde die römisch-katholische Kirche immer mehr eingeengt. Dasselbe galt für die evangelischen Christen sowie für alle kleineren christlichen Gruppen. Jegliche Organisation außerhalb des NS war verdächtig, was ja auch stimmte. Gegner der Rassen-, Kriegs- und Unterdrückungspolitik fanden sich in allen kirchlichen Gruppen. In jeder Diktatur gilt nur eine Meinung, und die wird rücksichtslos durchgesetzt, damit das Volk - angeblich befreit - zugunsten der Machthaber und ihrer Anhänger versklavt werden kann.

So wurden zuerst die christlichen Jugendorganisationen aufgehoben, dann die Zeitschriften verboten. In Fürth gabs nun nur noch das »St. Heinrichsblatt«, eine vorsichtig zurückhaltende Zeitschrift für das Erzbistum Bamberg. Unter der Hand wurden allerdings hektographierte Blätter mit Nachrichten über Kirchenverfolgung herumgereicht. Ich erinnere mich an einen Bericht über Entfernung von Kreuzen in Münsterländer Schulen. Auch über Schikanen gegen Gottesdienst und öffentliche Prozessionen. Der Gemeinde der Frauenkirche wurde die Fronleichnamsprozession »wegen Störung des Verkehrs« verboten. Man wich in die Umgebung der Heinrichskirche in der Südstadt aus, was für mich ein Gewinn war. Die Straßen waren grüner, die Kirche hell und sonnendurchflutet. Der Gottesdienst in der Frauenkirche wurde längere Zeit massiv gestört. Durch Flugzeuge im Tiefflug, röhrende neue Messerschmittjäger, angeblich zu Übungszwecken. In der Kirche unterbrach man, wartete, betete still. Dann versammelte sich die Hitlerjugend auf dem Platz vor der Kirche mit Fanfaren und Trommeln, was für Mitglieder zusätzlich ein Problem war: Gottesdienst oder Aufgebot. Wer nicht erschien, wurde bestraft. Zuletzt wurde der Platz zu einem Parkplatz umgewandelt, auf dem ununterbrochen Polizei- oder SA-Kraftwagen an- und abfuhren, immer während des Gottesdienstes. Der Platz ist heute noch Parkplatz, aber sonntags wohl für die heutigen motorisierten Besucher.

Schlimmer war ein Vorfall, über den nur hinter vorgehaltener Hand geredet wurde: ein Spitzel veranlasste die Verhaftung eines Geistlichen während seiner Predigt gegen den Judenhass. Nach vier Wochen war er tot. Dachau.

Antisemitismus war und ist in Deutschland weit verbreitet. In allen Ländern. Auf der ganzen Welt. Luthers Aussagen. Katholisches Karfreitagsgebet: Fürbitten für alle Menschen, auch für die »perfiden Juden«. Das ist falsch übersetzt: das lateinische perfidus bedeutet »ungläubig«. Auch das wäre falsch. Den Juden wurde schon im Matthäusevangelium Verstocktheit, Geiz, Gottesmord vorgeworfen. Dass alle frühen »Christen« gläubige Juden waren, ging vergessen.

Das Karfreitagsgebet wurde 1960 geändert. Immerhin.

Fürth war eine eminent jüdische Stadt, im Gegensatz zu allen Reichsstädten, wie Nürnberg, waren Juden gleichberechtigt. Ein Ausnahmefall, kaum bekannt. (Ausführlich in Barbara Ohm, Geschichte der Juden in Fürth, 2014, ebenfalls in Barbara und Hans-Georg Ohm, Auf den Spuren der Fürther Juden, 2005.)

Mein Vater arbeitete in der jüdischen Firma Bernh. Ullmann & Co. So kannte er die Diskriminierungen aus erster Hand. Er hielt es, wie viele jüdische Deutsche, nicht für möglich, dass ein Rechtsstaat, ein Volk der Dichter und Denker, primitiven Urinstinkten Raum geben werde. Allerdings wusste er, dass in »Mein Kampf« alles vorhergesagt war. 1933 wurden alle jüdischen Staatsdiener fristlos entlassen, wie etwa der Vater von Heinrich Kissinger. Paul Ullmann und mein Vater waren befreundet, so verschaffte Herr Ullmann meinem Vater 1935 eine Stelle in Lima, Peru. Mir wurde bedeutet, dass wir auswandern würden, ich müsste spanisch lernen, was mich ungeheuer freute. Aber dann wurde Lima durch ein heftiges Erdbeben erschüttert, und meine Mutter erklärte kategorisch, sie gehe nicht in ein Land, wo es Erdbeben gibt.

Ironischerweise erlebten wir im Dezember 1939 im Exil in Basel ein deutliches, wenn auch nicht gefährliches Erdbeben, was immerhin alle Bewohner veranlasste, auf die Straße zu rennen. Auch ein Erdbebengebiet, 1356 wurden die ganze Stadt und die Dörfer der Umgebung zerstört.

Die Ullmanns (Vater und Tochter) hofften auf ein Visum nach den USA, das sie erst Ende 1938 erhielten. Der zweite Umzugsplan ging ebenfalls schief: Herr Ullmann schlug vor, dass beide Familien in sein Werk bei Wien umziehen sollten. Mein Vater schwärmte mir vom Riesenrad im Prater vor. (Ich sah es zuerst im Film »Der Dritte Mann«, in natura erst 1963.) Geplant war der 10. April 1938, die Wohnung war gemietet, der Möbelwagen bestellt, aber der deutsche Einmarsch am 12. März 1938 kam uns zuvor. Ende 1938 verschwanden die Ullmanns nach Amerika, die Firma wurde »arisiert«.

Unter den Freunden meiner Eltern waren ganz natürlich auch Juden, was in jener Zeit nicht mehr selbstverständlich war. Neben Ullmanns erinnere ich mich an die Namen Bamberger und Jacob.

Meine Mutter kaufte Textilien - mit stundenlangem ernstem Schwatzen, was mich ungeduldig machte - in kleinen jüdischen Geschäften, eher Privatwohnungen, im Gebiet Theater-, Blumen-, Rosenstraße, wo ich mich neugierig in den dunklen, armseligen Altstadtwohnungen umsah.

Ebenso selbstverständlich kaufte man bei Schocken hinter dem Nürnberger Hauptbahnhof und in der EHAPE an der Schwabacher Straße in Fürth. Mit den alten Häuschen um die Synagogen hatten wir keinen Kontakt, dort wohnten die Frommen. Die andern waren weitgehend assimiliert, betrachteten sich als Deutsche, waren mit dem »Eintrittsbillett« (wie es Heine nennt) in die evangelische Gesellschaft versehen.

Das Pogrom am 9. November 1938 bedeutete in Fürth, wie überall im Reich, den Anfang der gewaltsamen Vernichtung aller Juden, auch der getauften und seit Generationen assimilierten.

Die Schlinge zog sich zu. Die Synagogen (intern »Schul« genannt) brannten, das erfuhren wir schon auf dem Schulweg. Mein Freund Rudolf und ich machten einen Umweg über die Ludwigbrücke und sahen die rauchenden Trümmer des ganzen jüdischen Viertels. Wir empfanden ein schauerliches Angstgefühl, hörten von Synagogendienern, die sich mit Messern gegen die Angreifer wehrten, um die Thorarollen zu schützen, und erschlagen wurden, von vielen jüdischen Männern, die in der kalten Nacht auf den Schlageterplatz (heute Fürther Freiheit) getrieben worden waren, den ganzen Tag frierend dort standen, wieder nachhause beordert wurden, um ihre zerstörten Geschäfte und geplünderten Wohnungen instand zu stellen. Befehl: bis zum 1. Januar 1939 hat jeder Jude Deutschland zu verlassen, ein Koffer, ein Rucksack erlaubt, und zehn Reichsmark. Der Befehl musste zurückgezogen werden, kein angrenzendes europäisches Land, nicht England, nicht die USA nahmen mittellose Juden auf, obwohl jüdische Gemeinden in allen Ländern sich bereit erklärten, für die Kosten aufzukommen. Hier spätestens setzt die Mitschuld aller Länder und Völker ein: man wollte keine Juden.

Durch die »Arisierung« gelangten umfangreiche Vermögen in die Hand des ständig verschuldeten NS-Staates. Das Vermögen gehörte dem Staat, Firmen mussten von jüdischen Eigentümern für einen Pappenstiel an einen »Arier« verkauft werden. Falls nach dem Krieg sich frühere Besitzer oder Erben meldeten, musste verkauftes Eigentum zurückgegeben werden. So erhielt zb Elisabeth Ullmann das Verwaltungsgebäude der Firma ihres Vaters an der Nürnberger Straße zurück, reiste nach Fürth, verkaufte es sogleich an die »Quelle« und verschwand wieder nach Amerika. Andere Profiteure konnten ihre Erwerbungen behalten, weil weder Besitzer noch Erben am Leben waren.

In der Schule war an jenem Tag jeder bedrückt, die Schüler wie die Lehrer, kein Triumphgefühl. Die meisten wussten:

hier geschehn Unrecht und Verbrechen im Namen des Staates, der sich als Vollstrecker des Volkswillens ausgibt.

Für die Gewalttaten, die als »Volkszorn« bezeichnet wurden, mussten Schlägerbanden in SA-Uniformen aus der Umgebung geholt werden, weil die Fürther SA nicht zuverlässig war. Fürth hatte den Juden viel zu verdanken: sie beteiligten sich im 19. Jahrhundert am Bau der evangelischen Auferstehungskirche und der katholischen Frauenkirche, sie schenkten der Stadt das Stadttheater, die Volkshochschule Berolzheimerianum (heute Comödie Fürth), Herr Nathan stiftete die erste Geburtsklinik 1906 (1933 von den Nazis aufgehoben), auf dem Bahnhofplatz entstand der Centaurenbrunnen, und vieles mehr.

Auf dem Schulweg das Kavierlein hinunter stach mir ein Plakat an der Espanstraße in die Augen: die Stürmer-Karrikatur eines Juden (riesige Hakennase, fleischig-gieriges Maul, fetter Hals), darunter in Fraktur: »Juda verrecke!« Einen Monat später ein neues Plakat: ein gequälter Jesus an einem Kreuz, das schräg in den Himmel ragt, darunter in Fraktur: »Wir rächen Jesus.« Als ob er ein Germane wäre. Beide Plakate in Schwarz-Weiß, damit sie tödlich abschreckend wirkten. Inschriften überall: an Ortstafeln »Judenrein« oder »Judenfrei«, vor Geschäften »Kauft nicht bei Juden«, »Juden sind unser Unglück« oder einfach als Schimpfwort: »Jude«.

In den drei letzten Novemberwochen 1938 geschah Merkwürdiges in unserer Wohnung. Ich musste mein Zimmer räumen, schlief auf einer »Schesslon« im Wohnzimmer, »Herrenzimmer« genannt, meine Schwester im elterlichen Schlafzimmer. Das Herrenzimmer hatte zwei Türen: eine zum Schlafzimmer, eine andere zum Gang. Ich musste um sechs zu Bett, mit dem

Befehl, nicht mehr auf den Gang oder das Klosett zu gehen. Bekam einen Nachttopf für alle Fälle. Mir wurden tausend Hiebe angedroht, wenn ich auf den Gang ginge, ich verstand, meine Neugier war geweckt. Ich stand hinter der Türe und lauschte. Bald hörte ich fremde Stimmen, leise, gedämpft, fast flüsternd. Dann klapperte Geschirr in der Küche, rauschten Dusche und Spülung, verschwanden die Stimmen in meinem Zimmer. Wenn ich erwachte, war niemand mehr da. Das ging so etwa drei Wochen.

Einmal hats mich erwischt. Ich war erst zehn, ernst, aber einmal unvorsichtig. Es war fünf Uhr abends, draußen schon dunkel. Ich ging zum Klosett, an der Wohnungstüre vorbei, es klingelte, ich, ohne zu denken, öffne, trete auf den Vorplatz hinaus, unten an der kleinen Steintreppe steht ein großer Mann im Wintermantel, ein kleines Mädchen an der Hand. Nun geschehen zwei unauslöschliche Handlungen: der Gesichtsausdruck dieser beiden Menschen hat sich mir ein Leben lang eingeprägt: entsetzliche Angst. Und dann zieht der Mann seinen Hut - vor mir, dem kleinen Jungen! - und sagt: »Mein Name ist Marburg.« In dem Augenblick packt mich eine Hand von hinten, reißt mich in die Wohnung zurück, es zischt mir ins Ohr »Wir sprechen uns noch«, und ab ins Bett.

Weil ich mich, aus Unachtsamkeit, nicht an das Verbot, die Türe zu öffnen, gehalten hatte, wurde ich am nächsten Tag verprügelt wie noch nie, aber das war der Tarif, ich hielt ihn aus. Dafür hatte ich gesehn, was ich vermutet hatte: Juden auf der Flucht übernachten bei uns. Sehr gefährlich, aber ich fand, mein Vater war ein Held. Von einem Helden verprügelt zu werden, ist fast eine Liebeserklärung. Und das prägt sich ein.

- Viel später las ich, dass es »Ameisenwege« gab, auf denen Juden nach Italien oder in die Schweiz geschleust wurden. Sie zogen von Adresse zu Adresse, der einzelne Helfer kannte nur den nächsten, erfuhr also nie etwas über das Gelingen oder Misslingen der Flucht.

Im Jahr 1970 nahm ich mir den Mut, erzählte dieses Erlebnis meinem Vater und fragte ihn nach den Hintergründen, in der Annahme, dass er mir 32 Jahre später, in der sicheren Schweiz, Auskunft geben könnte, zumal ich meine Bewunderung seiner Tat nicht verhehlte. Was geschah? Schon während meines Berichtes erbleichte er, wurde kreideweiß, Schweißperlen sprangen waagrecht aus seiner Stirn, ich habe nie solche Angst gesehen, er stammelte, das hast du geträumt, das hat es nie gegeben. Aber Vater, ich habe es nicht geträumt, ich habe es erlebt, und ich lobe dich dafür. Er blieb bei seiner Weigerung, ich gabs auf, wollte ihn nicht quälen, überlegte: er hat in diesem Augenblick erkannt, dass der zehnjährige Junge alles wusste und unter Folter alles ausgesagt hätte. Aber nun war ich sein liebender Sohn, und er reagierte wie vor einem Gestapogericht. Jetzt verstand ich auch, dass er eine gestörte Seele davongetragen hatte.

Als ich meine Mutter fragte, antwortete sie, sie wisse von nichts, ich solle meinen Vater fragen. Sie hat wohl große Angst um ihre Kinder gehabt. -

Ende November und im Dezember 1938 besuchte meine Mutter mit mir in der Altstadt verängstigte jüdische Familien tagsüber und brachte ihnen Lebensmittel, das sah wie Einkäufe aus. Ich erinnere mich auch da an angstvolle Kindergesichter, sie wussten nicht, was kommen sollte. Jedes Klingeln war schon ein Schrecken. Die Männer bekamen wir nicht zu Gesicht, nach der Erfahrung des 9. November hielten sie sich im Hintergrund. Da meine Mutter bekannt war, weil sie vorher Stoff gekauft hatte, schenkten sie ihr ganze Rollen, sie wollten sich dankbar erweisen. Sie sind wohl alle umgekommen, waren arm und hatten keine Möglichkeit auszureisen.

Nach einem Sturz vom Fahrrad im Juni 1939 schürfte ich mir ein Knie auf, musste deshalb ein paar Tage der Schule fernbleiben. Plötzlich erschienen vormittags zwei unbekannte Männer in Mantel und Hut, behaupteten, sie müssten mich zu meinem »Unfall« im Auftrag der Schule befragen, schickten meine Mutter hinaus, sie wollten mit mir, dem Elfjährigen, allein reden. Meine Mutter, angstvoll wie immer, gehorchte. Nun musste ich mein Knie zeigen und wurde ausgiebig und lange befragt. Alles wurde aufgeschrieben. Ich hatte einen inneren Zorn: wer sind die? was geht die mein Knie an? Auch schweiften die Fragen weit von meinem Knie ab, wurden allgemein, ich merkte, dass ich mit den Antworten aufpassen musste, gab stets konforme Antwort. Ich hatte zwar Angst, merkte aber, dass ich den Dummen überlegen war. Den Fangfragen war ich gewachsen. »Schön habt ihr es da. Eine schöne Wohnung, ein schöner Garten. Da kommen sicher viele Gäste.« Ja, sonntags kommen Freunde. »Und da übernachten auch manche bei euch.« Übernachten? Nein, wir haben doch gar keinen Platz. (Jetzt begann ich, mit ihnen zu spielen.) Ah, doch - die Gesichter lauschten gespannt - einmal übernachtete meine Großmutter bei uns - die Gesichter waren enttäuscht. - Ah ja, Tante Hanna übernachtete auch bei uns. - Wieder gespannte, dann enttäuschte Gesichter. Ich wusste genau, was sie wollten: von den Juden wollten sie hören, um meinen Vater und uns zu fangen. Aber das gelang ihnen nicht. - Heute weiß ich, dass das Gestapobeamte waren, die sich in dieser renitenten Familie umsehen sollten, vielleicht auch, ob da noch jemand versteckt wäre, denn sie schauten sich die ganze Wohnung an. Es geschah nichts weiter, ich hatte ja systemgerechte Antworten gegeben, aber für meine Eltern muss das ein ernstes Warnzeichen gewesen sein. Ein paar Monate später sind sie dann geflohen.

**Die Flucht**

Die Schulferien dauerten zehn Wochen, von Ende Juli bis Anfang Oktober, weil die Schulhäuser zur Übernachtung für die zum Reichsparteitag beorderten SA-Massen benötigt wurden.

Was mich für die Zeit nach den Sommerferien beunruhigte, war einmal der Kauf eines Hauses. Die Verhandlungen standen vor dem Abschluss: ein altes würfelförmiges weißes Haus irgendwo zwischen Poppenreuth und Ronhof, umgeben von riesigen Reihen Johannisbeeren, Brombeeren, Himbeeren. Dort pflückte ich mit meiner Mutter schon immer in der heißen Sommersonne, mir graute vor der Aussicht, ständig dort arbeiten zu müssen.

Dann verhieß meine gesunde Mutter: nach den Ferien gibts nur noch Vollkornbrot. Mir schmeckten Weiß- oder Graubrot, auch der Frankenlaib, viel besser.

Und der Turnlehrer hatte befohlen, nach den Ferien müsse jeder schwimmen können. Sonst gäbe es eine ungenügende Note im Fach Schwimmen, und das war, wie alle Sportfächer, Hauptfach.

Es kam nicht dazu. Das war für mich der kleine Trost in dem jähen Wandel meiner Umgebung.

Meine Eltern schickten uns zwei Kinder in die Schweiz. Meine Schwester in ein Kinderheim nach Davos, eine Frau begleitete sie. Mich in eine Ferienkolonie in Fischingen, Thurgau. Ich tobte, wollte wie immer mit der Familie in den Schwarzwald fahren, nicht mit fremden Kindern irgendwohin. Meine Mutter sagte, wenns dir nicht gefällt, holen wir dich.

Am 24. Juli 1939 ging ich mit Vater und Mutter frühmorgens durch den Pappelsteig zur Straßenbahnhaltestelle Jakobinenstraße, wir fuhren zum Hauptbahnhof Nürnberg. Dort wurde ich in einen Zug gesetzt, trug ein Rotkreuzschild um den Hals, auf dem die Reisedaten angegeben waren, beim Umsteigen half mir eine Frau von der Bahnhofsmission. An die Reise habe ich keine Erinnerung, ich verkroch mich in mich selbst, kam mir ausgestoßen vor. (Erst später begriff ich, dass uns unsere Eltern in Sicherheit brachten.) Der Bahnhof St. Gallen ist das erste Bild im Gedächtnis, eine Frau verhilft mir zu einem Platz in einem Personenzug, ich solle in Sirnach aussteigen. Dort setzte ich mich auf eine Bank in einem hölzernen Unterstand und wartete auf den Bus. Ein freundlicher Mann kam, redete zu mir, aber ich verstand seine Sprache nicht. Er verschwand kurze Zeit, kam mit einer großen Tüte Obst zurück, schenkte sie mir. Er hatte wohl Mitleid mit dem armen Bübchen. Und ich musste zornige Tränen zurückhalten, denn Obst hatte ich zuhause zur Genüge und machte mir nichts daraus.

Der Bus beförderte mich zum ehemaligen Kloster Fischingen, jetzt Waisenhaus und Ort für Ferienkolonien. Ich meldete mich auf dem Sekretariat, wurde in einen Schlafsaal geführt, ein Platz auf einem Wandschaft wurde mir für meinen Köffercheninhalt zugewiesen. Auf dem Plumpsklo aus dem achtzehnten Jahrhundert warf ich die Obsttüte in den tiefen Schacht.

Die meisten Jungens in der Gruppe von etwa vierzig stammten aus Mannheim. Das war Mannemer Industriejugend mit eisernen Muskeln und Fäusten, die sie reichlich anwandten. Nicht lange gegen mich, denn ich wusste mich zu wehren. Aber gegen die Gruppe aus Paris, armselige Vorstadtjugend, da schlugen sie nachts die schwächlichen Knaben in ihren Betten, die Aufsichtsnonne schlief in einer Nebenkammer und nahm nichts wahr, denn die Französlein mussten sich schweigend terrorisieren lassen. Die französische Gruppe bestand zur Hälfte aus Mädchen, das verwunderte uns, war nicht üblich. Die Mädchen kokettierten natürlich mit den starken Mannemern, das lenkte die vom Umsichschlagen ab. Der Anführer, ein vierzehnjähriger Muskelprotz, wollte mich nicht in der Gruppe haben, schickte mich weg, als ich fragte, weshalb, antwortete er: dein Gesicht gefällt mir nicht. Er hatte wohl meinen Widerstandswillen gespürt. So trollte ich mich sechs Wochen abseits.

Als ich mich einmal auf einen Fenstersims stützen wollte, fuhr ich rückwärts mit dem Arm durch eine Glasscheibe. Ich schnitt mich nahe der Schlagader, es blutete stark und lange, einige Tage. Da ich keinen Spitzwegerich zur Hand hatte, drückte ich einen Fetzen Zeitung auf die Wunde, erneuerte diesen Verband stets, wenn er allzu rot wurde. Die Splitter sammelte ich sorgsam und warf sie an der Mauer ins Gras. So entrann ich der Strafe und einer etwaigen Vergiftung, »Unkraut verdirbt nicht«, wusste ich, empfand mich jedoch eher als »Kraut«. Am 22. August wurden wir durch eine ungewohnte Helligkeit geweckt: zwei Stunden lang flirrte und flackerte der Himmel über den Wäldern in einem gleißendweißen Schein: ein seltenes Nordlicht. (Dass Hitler ganau an diesem Abend seinen Generälen auf dem Berghof den Über-

Walter 1937

fall auf Polen befahl, erfuhr ich erst viel später durch mein Studium der Zeitgeschichte.)

Am 1. September brach der Krieg aus, die Franzosen weinten, die Mannemer reckten ihre Fäuste: »De Franzuse sulle nur kumme, mir haue se uff der Deez,« riefen sie laut. Dann reisten alle ab.

Ich stand allein da, ohne Mitteilung. Da ging ich zum Direktor, einem gütigen, umfangreichen alten Geistlichen und fragte ihn: »Was ist mit mir?« »Wir haben keinen Kontakt zu deinen Eltern. Da die bezahlte Ferienfrist abgelaufen ist, kommst du jetzt ins Waisenhaus.«

Also wechselte ich den Schlafsaal, hatte lauter gedrückte, verlorene, müdgeschuftete, armselige Knaben um mich, deren krächzende Sprache ich nicht verstand. Dass ich tiefer eingestuft war, merkte ich auch am Essen. Keine Vorspeise, keine Nachspeise, keine Zwischenmahlzeit. Zum Essen gabs etwa »Hörnli« (kurzgeschnittene Makkaroni) mit geriebenem Emmentaler darauf, in einer süßen Dörrzwetschgenbrühe. Zum Speien. Oder am Sonntag Fleischstückchen, allerdings mit Maden. Sie waren zwar gekocht, aber doch grauslich. Da ich im Speisesaal am Fenster saß, spickte ich das Fleisch mit der Gabel in ein Blumenbeet hinaus. Viele Knaben reichten mir unter dem Tisch ihre Madenstückchen her, und ich hatte viel zu spicken. Ihnen fehlte der Mut, mir half der Zorn.

Ein schlimmer Vorfall bleibt mir im Gedächtnis. Ein vierzehnjähriges Mädchen hatte die Aufgabe, die Kleinsten - Zwei- , Dreijährige - zu hüten. Die Winzigen krochen draußen im Sand umher, aber der lag rings um einen Seerosenteich mit einem kleinen Springbrunnen. Ein Zweijähriger fiel natürlich in den Teich, bis das Mädchen es merkte, war er ertrunken.

Geschrei, Beschuldigung, das Mädchen stand an der Mauer, wir mussten vorbeimarschieren, mit dem Finger auf die Kindsmörderin zeigen. Sie machte ein versteinertes Gesicht. (Hatte ich eine solche Verurteilung nicht schon einmal erlebt? Im Pestalozzischulhaus?) Später hörte ich sie andauernd schluchzen. Dann verschwand sie.

Vormittags war Schule, nachmittags Arbeit. Als Lehrerinnen amteten ungeschulte Nonnen. Nun war ich in der zweiten Klasse Gymnasium, hatte von meinem Vater viel gelernt, war also jeder Nonne haushoch überlegen. So erzählte eine Schwester den Schillerschen Wilhelm Tell als reale Geschichte. Ich streckte auf: »Das ist nicht Geschichte, das ist Dichtung. Schiller, der nie in der Schweiz war, schildert ein Ideal. So war es nicht.« O je. Die Heilige geriet in göttlichen Zorn, verbot mir jegliches Fragen, weil ich ihre Autorität in Zweifel zog, wegen Frechheit insgesamt. Also zuckte ich mit den Schultern und schaute zum Fenster hinaus, da grünten die Wälder, da blaute der Himmel, da zogen die weißen Wolken, da schwebte Hoffnung nach Erlösung.

Nach dürftigem Mittagessen Arbeit. Vom Wald her hatte jeder ein schweres Buchenscheit zu einem Schopf zu schleppen, wo es andere aufschichteten. Das überstieg meine Kräfte, ich schuftete diesen ersten Nachmittag, riss mir die Hände auf und ächzte. Da wusste ich: nie mehr. Anderntags marschierte ich ins Sekretariat, traf auf eine freundliche mütterliche Frau, erklärte ihr mein Anliegen, ich sei nicht zu körperlicher Arbeit bestimmt, sondern ich könne Maschineschreiben, Zehnfingersystem. Sie war erstaunt, hieß mich ein Diktat schreiben, ich gab mir Mühe, weil ich ja nicht geübt war, und es gelang, zwar langsam, doch fehlerfrei. Sie konnte das Zehnfingersystem nicht, tippte wie mein Vater mit den beiden Zeigefingern, allerdings sehr rasch. So wurde ich als Bürohilfskraft verwendet, schrieb Anschriften von Gönnern auf Briefumschläge, da kam es nicht auf Geschwindigkeit an, sondern auf Genauigkeit. Das konnte ich. Ade Holzscheite. Mein Lohn war eine Brotschnitte mit dick Butter und dick Marmelade drauf. Das schmeckte, besonders weil ich wie alle Insassen immer hungrig war.

Anfangs Oktober erhielt ich die Nachricht, dass meine Eltern in der Schweiz seien und ich nach Basel reisen könne. Die Erlösung nahte. Am 6. Oktober 1939 stieg ich in Basel aus dem Zug, auch meine Schwester stieg aus, wir hatten nicht gewusst, dass wir im gleichen Zug saßen, und fielen unserer Mutter um den Hals. Aber schon verstummte ich wieder und wusste, das wird hart. Mama nämlich ging mit Marta zwei Stunden in die Stadt, um Winterpantoffeln einzukaufen, und mich ließ sie im Bahnhof. Ein pädagogischer Fehler. Eine Bahnhoffrau führte mich in einen großen Saal mit riesigen Fenstern auf den Bahnhofplatz, ermahnte mich hier auf meine Mutter zu warten, und verschwand. So stand ich zwei Stunden allein am Fenster und schaute auf die dämmernde Stadt, die mein Schicksal werden sollte. Sie erschien mir klein und armselig, gegenüber Nürnberg. Als wir dann mit der Straßenbahn über eine Brücke mit steinernem Geländer fuhren, fragte ich laut: Ist das der Rhein? Schsch, machte meine Mutter, nein, sagte sie. Die Mitfahrenden blickten unwillig auf den Hochdeutsch Sprechenden. Das musste ich auch lernen: In der Schweiz herrschten nicht nur Antisemitismus, sondern auch Deutschenhass.

Als wir ausstiegen, war es Nacht. Wir stapften eine Zeitlang durch eine hübsche Straße mit kleinen Häuschen, aber dann türmte sich vor uns ein drohender Wohnblock auf: zuoberst war unsere Bleibe, eine leere Dreizimmerwohnung. Dreizehn Jahre standen mir bevor. Kein Garten mehr, keine Spielstraße, Hass überall, aber Sicherheit. Vater als Dolmetscher im Lager, Unterhalt von der Sozialhilfe, damals Öffentliche Fürsorge genannt. Zuerst schliefen wir auf dem Boden, dann erhielten wir die wenigen Möbel einer verstorbenen alten Frau, jetzt hatten wir ein Bett, 90 cm, zu dritt. Wir gaben uns warm, nur die Küche war geheizt, Holz und Kohle für die Öfen war teuer. Wir zwei Kinder bedauerten das Wohnen in der Höhe, statt auf der Erde. Vermissten unsere Freunde und den Garten. Hüpften in den leeren Zimmern umher und sangen. Und schlossen uns eng zusammen. Und verstehn uns noch heute sehr gut, ich in Basel, Marta in Berlin.

Als ich meine Mutter fragte, warum sie geflohen und wie sie in die Schweiz gelangt seien, wich sie aus, erzählte nur, alles sei schnell gegangen, sie hätten anfangs September eine Warnung bekommen, beide hätten je zwei Koffer mitgenommen, sie einen mit Kinderkleidern für den Winter, er einen mit seinen Akten. Vermögen und Hausrat seien beschlagnahmt. Sie seien zuerst mit der Bahn nach München gefahren, nicht in ein Hotel gegangen, um nicht registriert zu werden, die ganze Nacht durch die verdunkelten Straßen gewandert, manchmal in ein Nachtcafé eingekehrt, am Morgen in die Schweiz gelangt. Mehr sagte sie nicht. Mein Vater verweigerte die Aussage total. Darüber rede ich nicht. Sein ganzer Lebensplan war zerstört.

Nach dem Krieg eröffnete er ein Übersetzungsbüro in Bern.

Unseren Hausrat ersteigerte für einen Pappenstiel eine befreundete Familie, stellte ihn irgendwo ein, schickte ihn uns, als es möglich wurde, im Mai 1940, vor dem Frankreichfeldzug, in einem plombierten Eisenbahnwagen. Der kam an, war aber aufgebrochen, zum Teil geplündert, zum Teil durch Wandalismus verwüstet. So fehlte mein ganzes Spielzeug, meine Lesebücher bis auf eines, mein Heimatatlas. Dafür hatten wir nun jeder sein eigenes Bett, sein eigenes Zimmer, hoch über den Dächern und der Unbill der Zeiten.

## Anhang I: Lyrische Stimmungsbilder

### Kriegerheimstraße 18

Im August 1931
läuten die Glocken
noch ohne Arg,
am blauen Himmel
zieht ein Doppeldecker,
meine Schwester wird geboren:
ein Sonntagskind.
*

**Georgenstraße 7**

**Die Wohnung**

Um den Sonntagstisch
unter dem Zwetschgenbaum
Vater, Mutter, Schwester, ich,
der Pate mit seiner Frau:
freundliche Plauderstimmen
bewahrt im Gedächtnis.
\*

**Einkaufen**

Große Wolke über Poppenreuth,
der Spargel ist gestochen,
die Kartoffeln wachsen,
die Malven glühn:
der Sommer kommt.
\*

Der Sandweg nach Poppenreuth
schlängelt sich vom Kanal weg
noch immer durchs Knoblauchsland,
eingelegt im Gedächtnis.
\*

**Die Mutter**

   Der Stein meiner Mutter
Da liegt er nun,
der Stein,
vom aufgelassnen Gräberfeld herbeigeholt,
in meinem Garten,
Jurakalk aus der Freigrafschaft,
von Efeu umrankt,
von Tannenzweig und Buchenschirm
beschattet,
dein Vater kam aus Wismar,
deine Mutter kam aus Worms,
du sprachst wie Bühl,
geboren hast du mich
im Nathanstift zu Fürth,
aufgezogen am Espan,
Butterbrot geschmiert,
Fieberträume abgewaschen,
schallende Küchenlieder und Arien
durchs offne Fenster in den Garten gesungen,
den Dampfer Deutschland
baute ich in den Sand,
fuhr mit den Gespielen
durchs Weltmeer in ferne Gegenden,
wie Onkel Johann aus Bremen.
In wirren Zeiten ins Exil gespuckt,
last du im Schatten
des Sommergartens hier die Zeitungen,
wünschtest dir in Abrahams Schoß zu sitzen,
des Vaters der vielen,

auf dessen anderem Schenkel
ich mich mit dir schaukeln lasse
in ein paar Jahren.
Bist ganz zu Stein geworden,
der wird mich überdauern.
Einen kleinen Stein lege ich darauf
in ehrfürchtiger Erinnerung.
       *

**Der Vater**

An der Pegnitz, beim Kettensteg,
trinke ich eine Maß Lederer
zu Ehren meines Vaters, Emil von Hohenstein,
der mit dem Bund Edler Ritter
vor siebzig Jahren eine Maß Lederer trank
an der Pegnitz, beim Kettensteg.
\*

Der gläserne Krug meines Vaters,
in dem ich abends das schäumende Bier,
wie alle Jungens, aus der Wirtschaft
zum Abendessen nachhause trug,
ist im Krieg zerschellt.
Einen gleichen fand ich in Poppenreuth,
halte ihn manchmal in der Hand.
\*

Der kleine Globus meines Vaters
hat den Untergang überlebt,
unbeachtet steht er grünblau
im Winkel hoch oben,
damals drehte ich ihn fasziniert,
und schaute, wo die Stricknadel
herausgestochen wäre, von Fürth
nach Brisbane, ich war der
Betrachter der Welt.
\*

Vodda, schau,
wennsd mi sehn kenndst,
am Fädder Weihnachtsmargd
mid achdzg,
wiari dera Blosmusieg
vo Erlanga
zuheer,
wo mir doch
vor sibzg Johr
dera Blatzmusieg
af da Hindenburcholoch nemdro
am Sundoch
zugheerd ham
mid ihra Märsch,
i schbier dei Hond
af meina Schulda -
schod, dossd wech bisd.
  *

In der Nargosn
hob i mein Vadda gsehn,
wie er vorbeigsausd is,
er hod mir gwinkd
un glachd iebers gonze Gsichd,
und er hod si gfreid,
wie er ins Lichd neigflong is,
und i bin ogholdn worn
un hob gwissd:
i muss no boor Johr waddn
un wo i afgwachd bin,
hob i gheerd:
mei Vadda is gschdorm,
oba er hod si gfreid.
\*

**Familienleben**

Fränkischer Sauerbraten
mit Mutters altfränkischem
rohem Kartoffelkloß
und Blaukraut,
damals aßen die Freunde
am Sonntag unterm Zwetschgenbaum,
als sie Deutschland im Aufstieg wähnten,
den Amoklauf in den Abgrund
nicht ahnten.
*

Von Fürth über Dambach zur Alten Veste
zogen die Sonntagsfamilien im Forst,
wir sangen: »Ich geh durch einen grasgrünen Wald«
und hörten: »Bald gras ich am Neckar, bald gras ich
                                      am Rhein«,
es gab Bier, Limonade, vielleicht ein Stück Stadtwurst,
kurzhosig die Männer, kurzrockig die Frauen,
die Kinder spielten mit Fichtenzapfen,
das Leben schien glücklich.
*

Auf dem Ludwigs-Donau-Main-Kanal
fuhren sonntags die Schlagrahmdampfer
zu Weigels Gartenwirtschaft in Kronach,
heute braust der Benzindampf
vorbei an den alten Bäumen,
unter denen alte Autofahrer
spärlich nippen an einem
Erinnerungsbier.
\*

Saßen wir sonntags in Nürnberger
dunklen Stubenwirtschaften,
Bratwurst und Kraut, der Vater
eine ganze, die Mutter
gab uns ein Zipfelchen,
die Welt war für uns Kinder
in Ordnung, für die Eltern
furchtbare Gewissheit:
der Untergang naht.
\*

Familienfoto, 1937,
Postkartenformat,
vornehmes Dunkelbraun,
edler Büttenrand,
vier Köpfe auf gleicher Höhe:
Mutter, Vater, Tochter, Sohn,
kurz vor der Katastrofe.
\*

Vater mit weißem Stehkragen,
Mutter im Schwarzen, Brosche auf dem Busen,
Mitte dreißig,
zwanzig Minuten Fußweg
vom Espan durch die Pegnitzauen
über den Karlsteg zum
Stadttheater Fürth, Oper Freischütz:
    »Durch die Wälder, durch die Auen,
    Leise, leise, fromme Weise,
    Und ob die Wolke sie verhülle,
    Wir winden dir den Jungfernkranz,
    Was gleicht wohl auf Erden dem
                      Jägervergnügen« -
beschwingter Heimweg,
fröhliche Musik im Ohr,
Vater über Sänger und Orchester,
Mutter über Erscheinung und Aussehn,
Blick auf die schlafenden Kinder,
glücklicher Abend
in schweren Zeiten.
    *

Leichte Kavallerie, Fledermaus,
Lustige Witwe, Dichter und Bauer,
»Hab ich nur deine Liebe« -
die Musik meiner Eltern in den
Dreißigerjahren im Theater,
am Rundfunk, und gesungen und gepfiffen,
im Garten und im Wald,
wirbelnd und weich, wild und wehmütig,
lang verweht ...
    *

War ein Singen im Wald über Zerzabelshof
am Sonntag, beim Wandern,
in dir hörst du es immer.
\*

Georgenstraße im Jahr 2010
Hier gehen sie alle noch,
in meinem Kopf,
der Vater Emil
(von Hohenstein im Bund Edler Ritter),
die Mutter Gretel
(Hänsel und Gretel mit ihrem Bruder Hans),
Schwesterchen Marta
(immer klein und lebhaft, manchmal zornig),
die Freunde Georg und Rudolf,
die Verehrten Hermine und Rosemarie,
die Besondere Ruth,
hier gehn sie alle hin und her
in meinem Kopf,
wenn ich als alter Mann
an der Einmündung der Kriegerheimstraße stehe
und die Nummer 7 betrachte.
\*

**Kinderspiele**

Versunkene Welt: die Kindheit.
Vor dem inneren Auge gehen die Gestalten
ewig hin und her, plaudern, singen,
reden, schreien, lächeln, weinen,
sanftes Seelenlicht umstrahlt sie,
die Immerwährenden.
\*

In die Rolle des braven Knaben
schlüpfe ich zurück, der ich
in der Schule zu sein hatte:
Betragen Zwei, nur Mädchen erhielten Eins,
ein Junge war ich mit den Freunden,
Streiche aushecken, alles Verbotene,
weil es prickelte, versuchend,
und zuhause war ich ein Bub,
Stolz und Ärgernis der Eltern:
bestraft, belobt, bestraft, belobt,
sprudelndes Leben als Kind,
erstaunlich: es sprudelt noch immer
mit vierundachtzig.
\*

Der weite Garten der Kinderzeit,
weltumspannend,
wie klein scheint er doch
dem erwachsenen
Welterfahrenen.
\*

**Die Schule**

Im März vor der ersten Klasse
spielte ich wie verrückt im Freien.
Ich wusste: mit der Schule ist die Freiheit aus.
Mit der Schule war die Freiheit aus.
  *


»Morgenstund hat Gold im Mund«
las ich, sechs Jahre alt,
an der Eingangsdecke
des Pestalozzischulhauses,
habe es nicht begriffen,
begreife es auch heute nicht.
  *


»Müßiggang ist aller Laster Anfang«
lernten wir mit sieben Jahren,
waren nie müßig,
wenig lasterhaft,
sind immer noch am Anfang.
  *

Fräulein Hauser von Poppenreuth
liest aus dem dicken Buch
zwischen zwei Kerzen
Märchen der Brüder Grimm,
über hundert Jahre alt.
Draußen schneit es dicht
in den dunklen Novembertag.
Sechzig Schüler lauschen gebannt
und stürmen um vier Uhr
in die Schneeballschlacht.
\*

Lehrer Hans Brunner,
begeisterter Nationalsozialist,
spielt auf der Geige uns ins Herz,
erzählt uns mit blitzenden Augen
vom Aufbruch unseres Volkes
in eine herrliche Zeit
neunzehnhundertsechsunddreißig.
Er verscholl in Russland.
Wir rieben uns die Augen.
\*

Erste Worte im Lesebuch:
»Heil Hitler!«
»Ein Zug, viele Fahnen!«
»Der Führer kommt!«
»Führer befiehl, wir folgen dir!«
»Herr, schütze unser deutsches Land,
den Führer, den du uns gesandt!«
Ein Bild: braunes Nürnberg
im Hakenkreuzmeer. -
Das ist eingebrannt.
\*

In der Erinnerung stapfe ich,
den Schulranzen auf dem Rücken,
an der alten Eiche vorüber
durch den Wiesengrund
über die Pegnitz,
vom freien Spiel her
den geregelten Denkweg,
seufzend, doch wissbegierig
alles zu erfahren,
was war, was ist, was wird.
\*

Auf dem Schulhof strammgestanden,
»Auf hebt unsre Fahnen
in den frischen Morgenwind«,
im Singsaal Augsburger Tafelkonfekt:
»wo alle Macht zerfällt,
und sollts am Himmel hangen«,
es war nicht leicht,
ein deutscher Lehrer zu sein.
\*

Auf meine beiden Freunde
gefallen im Strafbataillon
mit siebzehn vor dem Ende
für das Hakenkreuz,
an das sie nicht glaubten,
trinke ich zuweilen
fränkischen Wein,
den sie nicht kannten.
\*

Hätte mich auch erschießen lassen,
in grauer, brauner, schwarzer Uniform,
um das Vaterland zu retten,
wie ihr, meine Freunde von einst,
wäre im nationalen Glauben
mit der Nation untergegangen,
eine kleine Inschrift im Eingang
des Gymnasiums, damals »Oberschule«,
würde meinen Irrtum bezeugen.
\*

Als ich aus der Schule flog,
weil ich nicht in der Hitlerjugend war,
marschierte ich strahlend nach Hause,
rannte in den Garten:
ein ganzer Frühlingstag zum Spielen,
das schönste Erlebnis in meinem Schülerleben,
doch anderntags brachte mich mein Vater
zornig zurück zu meinem Ordinarius.
\*

Et nos mutamur in illis,
Iller, Lech, Isar, Inn,
Altmühl, Naab und Regen,
hab doch in der Schule
was gelernt fürs Leben.
\*

Großmutter gab mir »Von der Pike auf«,
Großvater »Aus dem Siebziger Krieg«,
Vater »Aus eigener Kraft«,
Mutter »Grimms Märchen«,
so war ich gerüstet,
trotz Unheil, Krieg und Flucht
das Leben durchzustehn.
\*

**Die Umwelt**

Bratheringe auf Kohlenglut gewedelt,
Maß Bier in der Hand,
an den langen Tischen im Kärwazelt
werfen die Männer Sprüche,
gescheite, blöde, unvorsichtige,
die Söhne haben rote Köpfe,
spüren den Oktoberwind
über die Pegnitzwiesen
um die gestreiften Zeltwände flattern,
es riecht nach Hering, Bier, Wind, Wasser, Schweiß,
im Flussbett der Erinnerung.
\*

Denunziation:
das fiese Spiel in der Diktatur:
ich zeige dich an
für deine freie Meinung
oder für deine frei erfundene freie Meinung,
dich triffts, nicht mich.
\*

Juden durften zu Nürnberg oder Basel
seit 1348, vertrieben, erschlagen, verbrannt,
nicht mehr wohnen, nur Jesus,
die zwölf Apostel, Paulus und Stephan,
die drei Marien, Gotttvater
erhielten
Aufenthaltserlaubnis.
\*

Wollten wir doch im April nach Wien umziehn,
aber im März davor überfiel der Beifall
der einen die Angst der andern.
 *

Auf dem Ameisenweg
über Vorarlberg in die Schweiz
schlichen die bleichen
jüdischen Freunde
nachts zu uns ins Haus,
um fünf Uhr früh
waren sie weg.
 *

Weihnachten 1938
Der Kachelofen, das Gänseklein,
die gebratene Gans,
»Vom Himmel hoch«, die Plätzchen,
die Elisenlebkuchen, »Ihr Kinderlein«,
der grüne Kerzenbaum, Spielzeug,
warme Wintermützen, »Stille Nacht«,
mit dem Vater den Schnee von der
Haustüre zur Straße schippend,
zurück in die warme Stube, »O du fröhliche«,
beim Nachbarn hämmern die Schergen an die Tür,
schlagen, vertreiben, plündern,
aufgerissene Kinderaugen, erstickte Schreie,
»o du selige«, vier Jahre bis Auschwitz,
bis Stalingrad, sechs bis zum
Untergang des Deutschen Reiches in
Feuer und Schwefel, die zehn Gerechten
längst geflüchtet, versteckt,
zur Salzsäule erstarrt,
»Weihnachtszeit«.
\*

Herr Marburg zog seinen Hut
vor meinen zehn Jahren:
das erstaunte mich, auch sein Gesicht
und das seines Töchterchens
voll Angst -
als Dank
für ein Nachtlager
und einen Fluchtweg
hinterließ er
eine Kristallkaraffe.
*

Die Angst in den Gesichtern
der armen Juden
in der Altstadt von Fürth,
meine Mutter nahm mich mit,
als sie Lebensmittel brachte
im Tausch gegen Tücher.
*

Herr Rath sagte:
Erkenn deine Prüfer,
und jegliche Prüfung bestehst du
mit genügendem Wissen,
nur vor der Gewalt
versteck dich sieben Jahre
im Keller, wie ich.
*

Wer schickte den Todesengel Hitler nach Ägypten?
Es war kein Pessach, er erschlug alle,
die nicht fliehen konnten.
Er glaubte sich Werkzeug der Vorsehung.
Sie ließ ihn an seinem Wahn zugrunde gehen.
Aber wie viele riss er mit in seinen Abgrund,
wie viele ließ er versehrt zurück?
Die Kinder fragen: warum?
    *

**Die Flucht**

Im Kloster Sankt Iddazell
in den Wäldern Thurgaus
waren wir vor Kriegsausbruch
sichergestellt, aus Mannheim, Schwaben,
dem Elsass, Paris, und einer aus Fürth,
und der war ich, verdiente mit
Adressenschreiben ein Zubrot in der Woche,
dich Butter und Marmelade drauf,
sonst war Schmalhans Küchenmeister,
Wilhelm Tell beherrschte die Schule,
Holzstöße aufschichten den Abend,
Klingeling und Litaneiengemurmel
den Sonntag von früh bis spät,
nachts verhauten die Mannemer
die kleinen Franzosen in ihren Betten,
der Krieg war da, die Glocken
läuteten, Fürth war entschwunden,
im Oktober fuhr ich zur geflüchteten
Mutter nach Basel,
der öffentlichen Fürsorge anheimgegeben.
\*

Krieg
Vetter John soff in seinem U-Boot ab,
Vetter Hans durchfuhr die Wüste
samt Italien und stieg in Mercedes ein,
Vetter Fred dümpelte im Golf von Mexiko,
weil er nicht gegen Deutschland kämpfen wollte,
Vetter Werner kam aus Russland bis
nach Bremen zurück, er trank,
Freund Bruno verteidigte Breslau
und fiel umsonst,
Freund Rudolf verteidigte Nürnberg
und erschrak über die Verbrechen,
derweil ich in die Schweiz geflüchtet
friedlich überlebte.
\*

Wolken über Zirndorf:
geht euch nicht schnell genug,
»nach Ostland geht unser Ritt«,
dahin zieht ihr, geht unter,
verschwindet,
und kommt nicht wieder.
\*

Von der Heimaterde weggerissen,
tauchen meine Schwester und ich
in die deutsche Lyrik ein,
singen die alten Lieder,
erblicken von der Dachwohnung,
hoch oben, das Elsass,
den Schwarzwald, den Jura,
finden uns gemeinsam zurecht
in der inneren Welt.
\*

Die Mutter sprach schwäbisch,
wir fränkisch, das Alemannische
notwendig angenommen,
die Wohnung im obersten Stock
am Stadtrand war Fluchtpunkt,
die elsässische Ebene im Blick,
den Schwarzwald, den Jura,
Hochdeutsch als Weitsicht
der Bildung über dem Kleinräumigen.
\*

Am Waldrand, im Schatten,
Stifter gelesen, Eichendorff,
Fontane, unten die Stadt,
dahinter der Schwarzwald,
dahinter Franken, unerreichbares
Kindheitsparadies,
weggesperrt durch Krieg und Verfolgung,
aber die Bäume, die Bücher
sind Heimat für immer.
\*\*\*\*\*\*\*\*\*\*\*

*Die Gedichte sind mehrheitlich folgenden Bänden entnommen: »Vom Espan her«, »Pegnitz, Rhein und Spree«, »Frag nicht, betrachte«.*

**Anhang II**

Der Name Dellers stammt aus Savoyen südlich von Thonon am Genfersee. Er schreibt sich ursprünglich De Lerce. Herkunft aus dem Weiler Essert Saint-Pierre in dem Ort Saint-Jean d'Aulx. Zwei mögliche Bedeutungen: 1) De Larice > De Lerce. Das a assimiliert an das i, das i verschwindet, Aussprache der Endsilbe nicht mehr tsche oder tse, sondern s. Deutsch: von der Lärche. Nach Auskunft von Dr. Veronika Günther, Mitarbeiterin am französischen etymologischen Wörterbuch von Professor Wartburg. 2) de l'essert > de Lerce. Umstellung von r und s. Essert ist savoyische Form von französisch Essart = Rodung. Im deutschsprachigen Wallis existiert der Name von Roden, das wäre die Übersetzung. Nach Auskunft von Arnaud de Lerce, historien de l'Université de Grenoble. Ich neige zur zweiten Erklärung. Savoyen war selbständiger Staat im Heiligen Römischen Reich bis 1796. Der westliche Teil bis zum Alpenkamm wurde 1860 an Frankreich abgetreten.

Die eingedeutschte Schreibung Dellers stammt aus Steinenstadt am Rhein. Da dieses Dorf erst 1759 eine eigene Kirche erhielt, finden sich frühere Eintragungen im Kirchenbuch von Schliengen. Beide Dörfer waren eine Exklave des Fürstbistums Basel, bis 1792 selbständiger Staat im Heiligen Römischen Reich. Napoleon I. schlug die beiden Dörfer 1803 zum späteren Großherzogtum Baden.

Im Kirchenbuch von Schliengen: Jean Pierre de Lers (gen. Lersche), * 1694 ex Sabaudia, † 3.3.1751. Heiratet Barbara Wittlin 1728.

Sohn Johann Petrus Michael Delers, * 24.2.1730, † 26.12.1790. Heiratet Marie Anna Schillinger.

Ab 1759 im Kirchenbuch von Steinenstadt: Sohn Johann Delers, * 15.9.1773, † 8.11.1830.

Patin Perillustris de Gratiosa Donna Catharina Baronisse de Neven nata de Roggenbach.

Seit 1819 eingedeutschte Schreibung Dellers, Betonung auf der ersten Silbe.

von Walter Dellers erschien 2012
**Pegnitz, Rhein und Spree**
Gedichte 1998 - 2011

ISBN 978-3-86386-299-2


von Walter Dellers erschien 2014
**Vom Espan her**
Gedichte 1946 - 1997

ISBN 978-1-49756-940-9


von Walter Dellers erschien 2015
**Frag nicht, betrachte**
Gedichte 2012 - 2014

ISBN 978-1-51488-740-0


von Walter Dellers erschien 2018
**Im Wind der Zeit**
Gedichte 2015 - 2017

ISBN 978-1-72068-417-6


walter.dellers.ch